INSTITUT NAQSHBANDI

20 rue des 4 Frères Peignot, 75015 Paris

Dépôt légal : Avril, 2026

Date de fin de tirage : Avril, 2026

ISBN : 978-249-130-42-32

Médecines Naturelles Méthodes Traditionnelles de Guérison Soufie

Mawlana Shaykh Nazim al-Haqqani an-Naqshbandi

TABLE DES MATIÈRES

INTRODUCTION

Mawlana Shaikh Nazim al-Haqqani est le 40e Sheik dans la Chaîne d'Or de la Tariqa Naqshbandia, laquelle remonte au Prophète Muhammad ﷺ en tant que premier récipiendaire de la Connaissance Divine au sein de cette lignée de succession.

Lorsque nous l'avons rencontré pour la première fois il y a treize ans, nous avons été éblouis par la lumière spirituelle qui émanait de lui. En ce temps-là, il se rendait en Grande-Bretagne depuis 1974 pour y passer le mois sacré du Ramadan. C'était l'un des derniers ordres qu'il avait reçus de son Maître, Sheik Abdullah Daghistani. Il lui avait été dit que les Derniers Jours approchaient et que la prophétie de « la Lumière surgissant de l'Occident » était en train de devenir réalité.

Les profondes ténèbres qui règnent sur l'Occident, en particulier dans la jungle brute des villes sur-civilisées, sont le fruit de l'incroyance et du refus de suivre les Ordres Divins, lesquels ont été régulièrement envoyés à l'humanité depuis Adam. « Nous serons comme des étoiles dans le ciel ! » proclama le Prophète Muhammad ﷺ.

Un jour, une jeune femme vint trouver Sheik Nazim ; on lui avait diagnostiqué un cancer de la thyroïde. Les médecins voulaient l'opérer, mais elle ne voulait pas qu'un couteau lui entaille la gorge. Shaikh Nazim lui dit de commencer à boire du jus d'oignon chaque matin, avant de prendre quoi que ce soit d'autre. Après avoir répété le traitement pendant quarante jours, elle fut entièrement guérie. La situation était en partie fort embarrassante, car elle avait déposé une demande de pension d'invalidité et les médecins ne trouvaient plus la moindre trace du cancer !

À compter de ce jour, je me suis mis à recueillir les conseils médicaux que Shaikh Nazim prodiguait aux personnes malades qui lui avaient demandé de l'aide. J'avais vu qu'il avait été possible de guérir un cancer. Je savais que les remèdes qu'il recommandait fonctionnaient. Certaines personnes s'étonnaient et disaient : « Mais c'est un maître spirituel, pas un guérisseur. ». Il faut un temps considérable ne serait-ce que pour commencer à entrevoir les horizons infinis de ce dont l'Homme du Temps, le Saint des Saints, est capable.

AVANT PROPOS

De nos jours, les gens ont plus que jamais besoin de nouvelles formes de médecine. Les maladies se multiplient chaque jour et il devient de plus en plus impossible pour les médecins de trouver des traitements, des médicaments ou même des noms pour soigner ces maladies. Par ce livret, je m'adresse à l'humanité tout entière. Je les avertis tous afin qu'ils prêtent attention aux Avertissements Célestes. Tout ce qui est dit ici est soumis à cette condition. J'espère que cela sera utile à l'humanité et que le Seigneur des Cieux nous bénisse sans fin afin que nous puissions croire et être Ses bons serviteurs.

Shaikh Nazim al-Haqqani an-Naqshbandia

SANS CHIMIE NI COUTEAUX : L'ART DE GUÉRIR DES PROPHÈTES

Le nôtre est le temps le plus terrible et le plus dangereux pour les vivants, car il devient de plus en plus difficile de trouver la protection et le remède adéquats face aux maladies nouvelles qui ne cessent d'apparaître. Aussi longtemps que les médecins et les chercheurs poursuivront leurs études, ils découvriront davantage de maladies et développeront davantage de médicaments et de traitements pour les combattre. Il sera impossible d'y poser une limite. Le nombre de maladies et de traitements existant de nos jours a atteint un paroxysme. Dans le même temps, cela épuise les médecins, qui commencent à atteindre un point de désespoir. Ils réalisent qu'il est impossible d'essayer de les contrôler ou d'arrêter leur propagation.

Nous sommes donc à la recherche d'un remède fondamental pour soigner l'humanité. Nous croyons que les maladies, comme toute chose, parviennent aux serviteurs du Créateur par Sa Volonté.

Sans Sa Volonté, les maladies ne viendraient jamais et ne partiraient jamais. Pensez-vous qu'il y ait une autre raison ?

De nos jours, tant de médicaments sont utilisés pour guérir. Ne croyez pas que ces médicaments et ces opérations soient d'une quelconque utilité ! Si les gens étaient des serviteurs obéissants, Allah le Tout-Puissant serait en mesure de donner la santé et d'ôter la maladie. Tant que les gens penseront que seuls les médicaments feront disparaître les maladies, celles-ci ne disparaîtront jamais.

Les gens pensent qu'ils seront guéris par différentes pilules, sirops, injections ou traitements au laser. Il est facile de se laisser prendre à cette impression. Mais le fait est que ces méthodes vont à l'encontre de notre être naturel. Allah le Tout-Puissant a créé pour nous des traitements qui sont naturels. Les produits chimiques détruisent nos corps comme des poisons, car ils ne sont pas de même substance. Cela s'applique également à toutes les formes de radiothérapie, qui frappent le corps comme le feu et le brûlent.

Lorsqu'un côté a été brûlé, les dommages se propagent au corps tout entier.

Ne croyez pas que le traitement doive être artificiel et que vous trouverez la guérison à travers les produits chimiques. La lourde pression que les médicaments artificiels exercent fatigue les êtres humains et les conduit même à perdre conscience. Puis, lorsque l'effet du médicament et de son puissant poison décroît, les microbes et les bactéries deviennent encore plus actifs et se jettent sur les organes. Allah le Tout-Puissant leur donnera l'ordre : « Détruisez ! »

La raison de tout cela est la désobéissance. Les gens ne veulent jamais considérer que la santé vient du Créateur. Ils pensent qu'elle est le résultat des pilules et des opérations. C'est là un grand péché. Certaines personnes viennent me voir après avoir consulté de nombreux médecins. Elles me disent que personne ne peut guérir leur maladie. Chaque jour apparaissent de nouvelles maladies que même les professeurs ne peuvent expliquer. Des maladies parfois très étranges, touchant les yeux, les oreilles, la langue, le cerveau, le cou, le cœur, le foie, les poumons, l'estomac, les reins, les os, le sang, le nez...

De nos jours, une telle complexité afflige nos corps.

Les gens tombent malades, se sentent mal, vont chez les médecins, dans les laboratoires, font des radiographies, se sentent mal, y retournent... et après un bilan complet, les médecins leur disent :

— Il n'y a rien qui cloche.

— Mais je suis malade.

— Tout va bien.

— Mais je me sens malade.

Cela est un autre genre de punition : se sentir malade.

Il n'y a pas de médicament, mais on leur donnera des drogues pour oublier et empêcher certaines parties du cerveau de fonctionner. Le médecin se sentira obligé de prescrire des drogues. Ainsi, bien que le patient ne soit pas malade, le médecin l'empoisonnera.

Cela arrive à des millions de personnes.

La dernière étape sera que les médecins diront : « Nous devons vous ouvrir la tête. » Alors ils touchent au cerveau. C'est l'opération la plus difficile ; personne ne devrait l'accepter. Pour les opérations du cœur, c'est la même chose : c'est sans espoir et dangereux.

Recourir au couteau est toujours nuisible, mais de nos jours les médecins se précipitent le plus souvent pour couper. C'est si difficile et si nocif. Il existe un traitement pour chaque maladie sans recourir au couteau, un remède naturel. Cela peut prendre plus de temps, mais il n'y a pas d'effets secondaires.

Presque chaque traitement aboutit à une opération, et les opérations ne sont pas de véritables guérisons. Ce n'est qu'au cours de ce siècle que les médecins ont commencé à recourir aux opérations de manière aussi exagérée ; aujourd'hui, elles constituent l'élément principal du traitement des maladies. Presque chaque médecin semble n'avoir rien d'autre à l'esprit que de couper. Ils veulent couper, coudre, ajouter quelque chose et détruire, rien d'autre. Ce n'est pas un traitement, c'est une punition !

La maladie est une punition pour les gens qui vivent de nos jours.

Seul un faible pourcentage de la population n'a pas eu un couteau entaillant son corps. C'est l'une des voies par lesquelles cette punition atteint le monde entier, d'Est en Ouest.

Après avoir reçu la punition, la forme de traitement qu'ils demandent constitue la punition suivante. Il en résulte qu'ils peuvent devenir infirmes ; de nos jours, chaque partie du corps a été coupée, ouverte et a souffert : la tête, le cœur, le foie... Tout cela est une autre punition. Cela ne donnera pas de repos au patient, jamais ! Ce n'est pas un traitement.

Les gens du XXe siècle ont perdu leur patience.

L'humanité n'a plus de patience. Elle veut un traitement rapide. Les remèdes par les médecines naturelles prennent du temps, mais l'humanité n'a pas de patience et veut que sa douleur et sa souffrance cessent rapidement. C'est pourquoi elle est disposée à prendre de puissants médicaments artificiels nouveaux. Peu leur importe que cela nuise à leur corps. Leur seul intérêt est de faire cesser la douleur et la souffrance rapidement.

Ainsi, plus un patient peut être patient, et plus il a recours à la médecine naturelle, mieux c'est. Les opérations devraient être évitées, car entailler notre corps ne convient pas à notre nature. Notre corps est comme une boîte fermée. Si quelqu'un l'ouvre puis essaie de la refermer, cela peut s'avérer impossible. Même les experts pourraient avoir des difficultés à tout remettre en place. Cela peut même arriver à des chirurgiens célèbres. Car chaque personne est différente, et il peut être difficile de déterminer ce qui doit être enlevé.

Ou peut-être restera-t-il quelque chose qui aurait dû être retiré. C'est comme lorsque l'on essaie d'arracher les racines d'un arbre :

on peut laisser un morceau à l'intérieur que l'on n'a pas vu. On se réjouira que le gros morceau soit sorti, puis, un an plus tard, le petit morceau laissé derrière aura grandi et sera devenu gros. C'est une autre raison pour laquelle les opérations sont si dangereuses. Nous devons essayer de ne jamais toucher à nos corps de cette manière.

Nous devons essayer d'utiliser les médecines naturelles, les remèdes que notre Créateur a créés pour nous. Plus un patient est patient et plus il se fie au pouvoir des médecines naturelles, mieux c'est. Ce sont les mêmes remèdes qui sont utilisés depuis des milliers d'années, depuis l'aube des temps. Habituellement, la connaissance de ces remèdes nous est parvenue par les Êtres Célestes, les Prophètes ou les Messagers. La sagesse de ces enseignements a été parachevée par l'Art Divin de Guérison de notre bien-aimé Sceau des Prophètes, Muhammad ﷺ, que la paix soit sur lui.

Il est important de l'écouter, car Allah le Tout-Puissant lui a donné la Connaissance Céleste qui inclut le remède à chaque maladie.

Nous vous conseillons d'utiliser les Méthodes Divines de traitement. Elles consistent en de simples remèdes naturels. Nos corps appartiennent à la nature, aussi la guérison ne peut-elle venir que de la nature. Toutes les méthodes artificielles si courantes de nos jours vont à l'encontre de la nature de l'humanité ; c'est pourquoi cela doit cesser. Chaque médicament artificiel, synthétique, attaque la substance naturelle de notre corps. Nous devons l'empêcher, car cela cause un grand tort.

Soyez donc patients, aussi patients que possible. Si quelqu'un n'est pas patient, il doit chercher un remède aussi vite que possible. S'il ne connaît aucun remède naturel, alors il devra en prendre un autre. Mais les remèdes naturels à base d'herbes et de plantes seront toujours les meilleurs. Lentement, très lentement, les

Européens et les sociétés occidentales reviennent à la sagesse de l'utilisation des médecines naturelles.

IL EXISTE UN REMÈDE POUR CHAQUE MALADIE

Les maladies simples ont des remèdes simples. Mais au fil de l'évolution de l'humanité et de la montée de la désobéissance, les maladies elles aussi ont commencé à être désobéissantes envers les médicaments et ne peuvent plus être guéries.

Par la permission d'Allah le Tout-Puissant, une maladie très grave peut également être vaincue par un simple remède, mais plus l'humanité est devenue déloyale et désobéissante envers les Lois Divines, plus les maladies sont devenues impossibles à guérir, même les plus simples.

Notre Grand Sheikh[1] disait toujours : « Si quelqu'un a cette dangereuse maladie qu'est le cancer, il devrait boire du jus d'oignon, c'est ce qu'il y a de mieux. » Parfois les gens disent qu'ils ont déjà essayé des centaines de médicaments différents et que la terrible maladie ne s'en va toujours pas. Mais s'ils se mettent à boire du jus d'oignon, elle partira.

Le Prophète Abraham ﷺ dit : « Lorsqu'Allah m'ôtera la maladie et me rendra la santé. » Certaines personnes sont à un niveau tel que, lorsqu'elles sont malades, elles n'ont pas besoin de médicament. Et c'est alors très bien ainsi. Par exemple, lorsqu'Abu Bakr était malade, les gens voulaient lui amener un médecin. Mais il dit : « Le médecin me rendra malade. D'où vient le médecin ? » Ce qu'il voulait dire, c'est qu'Allah allait le guérir. Tout vient de Lui, et il jugeait donc inutile que quiconque d'autre essaie de la lui ôter, car seul Allah peut le faire.

---

[1] Le Grand Sheik Abdullah Faiz Daghistani est le maître de Shaykh Nazim et son prédécesseur dans la Chaîne d'Or de l'Ordre des Naqshbandis.

Avec Moïse, c'était une tout autre histoire : il avait mal à la tête, un très fort mal de tête. Les Enfants d'Israël lui envoyèrent leurs médecins et dirent : « Prenez ceci ! »

« Non ! » fut sa réponse. Quelqu'un d'autre vint lui apporter un autre remède et lui demanda : « Prenez-le. » De nouveau, il refusa. Alors Allah le Tout-Puissant envoya l'Ange Gabriel à Moïse pour lui ordonner d'utiliser un remède : « Ô Moïse, J'ai créé tant de remèdes dans les différentes plantes et herbes afin que Mon peuple puisse y trouver la guérison. Tant de choses en ce monde sont un remède. Tout cela, Je l'ai créé pour l'humanité, afin qu'elle l'utilise. Veux-tu rendre inutile la sagesse que J'y ai déposée ? Est-ce ton souhait de retrouver la santé sans y recourir ? Si tu ne le fais pas, Je ne te rendrai pas ta santé. Car si Je le faisais, la sagesse que J'ai mise dans leur création n'aurait plus aucune importance. »

Ceci est un exemple pour l'humanité en général. C'est pourquoi Allah le Tout-Puissant lui ordonna d'utiliser un remède pour guérir. Vous devriez en faire autant. En même temps, si je récitais sur de l'eau et vous la donnais comme remède, vous pourriez alors dire que c'est l'eau qui vous a guéri.

Ce serait absurde.

Ce n'est pas l'eau qui vous rendra la santé, c'est Allah qui la donne à travers l'eau.

Je vous dis : « Utilisez le jus d'oignon et il vous donnera la santé, incha'Allah. » Ne dites pas : « J'utilise cent médicaments différents et rien ne peut l'arrêter, alors comment pouvez-vous dire que le jus d'oignon y parviendra ? » Je ne dis pas que c'est le jus d'oignon qui arrêtera la maladie, mais ce qu'Allah le Tout-Puissant y a déposé comme remède.

Un jour, je rendis visite à un médecin à Karachi, au Pakistan. C'était une clinique simple. Un Saint Verset du Saint Coran était inscrit au-dessus de la porte : « Et lorsque je suis malade, c'est Lui qui me guérit. » (26:80). C'est là un grand avertissement, et au-dessus de la porte, il attirait l'attention de tous ceux qui venaient consulter ce médecin. Il ne serait pas juste d'en vouloir au médecin si quelqu'un n'est pas guéri. La guérison ne vient pas du médecin ni des médicaments, mais d'Allah. Lorsque les gens ont abandonné cette croyance et ont quitté le paradis, des milliers et des milliers de maladies se sont abattues sur eux, bien qu'il n'y ait que 360 organes dans le corps.

Nous croyons qu'il y a de nombreuses raisons pour lesquelles les gens tombent malades. Certaines sont physiques, d'autres sont spirituelles. En tant que croyants, nous n'acceptons pas que chaque maladie provienne uniquement d'une pathologie et n'ait de rapport qu'avec la vie physique. Il existe aussi une Réaction Céleste qui touche les gens et les rend malades.

LES AUMÔNES

Tous les Prophètes ont conseillé à leurs nations, à leurs croyants et à leurs fidèles d'utiliser l'aumône comme protection contre les maladies. Ceci n'est pas seulement une sagesse islamique. Chaque religion a proclamé l'importance de donner ou d'accomplir un acte de charité. Avant même d'essayer quelque médicament que ce soit, les gens doivent tenter de se guérir par l'aumône.

Lorsque cela a été compris, le traitement est aisé pour les croyants. Pour les incroyants, la guérison est très difficile.

L'âme aide le croyant à être guéri, mais l'âme des incroyants est contre eux et ne les soutiendra jamais.

Ainsi, la guérison des incroyants prend de plus en plus de temps et pourrait même durer jusqu'au dernier instant de leur vie. Les croyants, en revanche, parce que leur âme les soutient, peuvent être rapidement traités et guéris.

Le fondement le plus important du traitement et de la guérison de la maladie est donc de faire l'aumône.

L'ART DE LA MÉDECINE PRÉVENTIVE

La condition la plus importante pour toute guérison ou prévention de la maladie est la croyance en un Dieu unique, en Son Unicité, et en ce que toute chose advient par Sa Volonté. Certaines maladies viennent comme punition pour la désobéissance, et d'autres viennent comme épreuve pour Ses serviteurs, afin de voir s'ils l'acceptent.

Il envoie le bien et le mal, la pauvreté et la richesse, la maladie et la santé. Il donne l'honneur et Il humilie. Il donne la force et Il donne la faiblesse, les difficultés et l'aisance.

Étant le Seigneur de l'humanité, Il a le droit de les éprouver et de les tenter, pour voir s'ils restent fidèles à Lui et à Sa voie, ou s'ils vacillent et se détournent, ou s'ils demeurent obéissants et restent Ses serviteurs en toutes circonstances.

Telle est la croyance au Qadar, la croyance selon laquelle nous sommes sous le Destin et l'Ordonnancement Divins, selon laquelle tout ce qui arrive, arrive par la Volonté d'Allah. La sagesse qui se cache derrière cela est l'épreuve imposée à Ses serviteurs, pour voir s'ils Lui sont obéissants et respectueux en toutes circonstances, en toutes conditions.

C'est pourquoi nous disons que chacun doit croire en l'existence du Seigneur des Cieux, doit croire au Créateur de l'univers tout entier et doit croire en Sa Volonté et en Sa Puissance. Il faut également croire que le traitement de Ses serviteurs ne peut advenir que par Sa Volonté. Ce n'est que s'Il le veut que le traitement peut parvenir aux gens, aux malades ; s'Il ne le veut pas, seul un surcroît de punition viendra, et non le traitement.

Par l'autorité qui m'a été conférée, je conseille à l'humanité tout entière d'entendre et d'écouter les paroles du Seigneur. Si elle n'écoute ni n'obéit, la punition s'abattra sur elle chaque jour et il n'y aura pour elle ni traitement ni guérison. Il n'y aura ni bonheur ni repos pour leurs corps, leurs esprits ou leurs cœurs.

Cela signifie écouter les Messagers du Seigneur, y compris le dernier d'entre eux, Sayyidina Muhammad ﷺ. Allah le Tout-Puissant lui a enseigné chaque forme de traitement. Chaque maladie est bien connue du Sceau des Prophètes ﷺ, et il a reçu la Connaissance Céleste concernant les remèdes et les traitements pour chacune d'entre elles.

L'humanité doit s'efforcer de préserver son corps. La manière de le faire est d'écarter tout ce qui nuit au corps. Tout cela est mentionné dans les Messages Célestes. Vous devez tâcher de respecter ces règles et de vous tenir éloignés de tout ce qui endommage et nuit. Tout ce qui nuit est mentionné dans les Livres Saints et est interdit par le Seigneur Allah le Tout-Puissant. Aussi longtemps que vous irez à l'encontre de ces règles, vous serez punis et ne trouverez aucun traitement.

Les maladies ne viennent jamais sans raison : soit c'est une punition pour amener la personne à obéir, soit c'est pour montrer le traitement aux autres. Quiconque boit de l'alcool doit être puni. Toutes les boissons qui nuisent au corps sont interdites et ne devraient pas être bues. Quiconque s'y oppose et dit : « Oh, juste un petit peu... » sera puni juste un petit peu. Si une personne prend un peu de poison, elle souffrira un peu. Si elle en prend davantage, elle souffrira davantage.

C'est parce que les choses interdites sont un poison, spirituellement et physiquement.

Si quiconque fume, il doit être puni. S'il ne fume qu'un petit peu, il ne sera puni qu'un petit peu. S'il fume beaucoup, la punition sera très grande. Si quiconque mange du porc et ce qui est interdit parmi les animaux morts, cela nuira au corps et il en viendra une punition. Si un homme et une femme commettent des actes illicites, une fois, deux fois ou trois fois, quelque chose peut les attaquer, elle et lui, et ils seront punis. Tant que les gens n'abandonneront pas toutes ces choses que je mentionne, ils seront punis tôt ou tard.

En Occident, les gens ne font habituellement pas attention à ce qu'ils mangent. Ils ne varient pas leur alimentation ; ils s'en tiennent aux hamburgers, au poulet frit du Kentucky et à la cuisine indienne. Mais Allah le Tout-Puissant a créé tant de sortes d'aliments. Les fruits, par exemple, préviennent les infections des organes ; au lieu de cela, les gens boivent tant de produits artificiels qui provoquent des infections. Allah le Tout-Puissant a créé quatre saisons avec des aliments différents. Les gens sont censés manger les fruits et les légumes de la saison, car ils contiennent les substances nécessaires aux conditions climatiques du moment. Les gens à Chypre ont encore l'habitude de manger des tomates fraîches, des aubergines, des gombos, des concombres, des melons... Mais ici, en Occident, à cause de toutes les hormones et des importations, on peut trouver toutes les sortes en tout temps. Dans les temps anciens, les gens attendaient avec impatience le fruit de la saison.

À l'époque du Prophète Muhammad ﷺ, la plupart des gens ignoraient toute Règle Céleste et faisaient tout ce qu'ils voulaient. Puis l'Islam vint, ils l'acceptèrent et furent purifiés en suivant le Commandement du Seigneur. Si quelqu'un aujourd'hui agit mal par ignorance, puis se soumet et dit : « Ô mon Seigneur, je ne ferai plus ces choses, je T'écoute et je T'obéis ! », alors la maladie peut être ôtée par la Volonté Divine sans recourir à aucun médicament, même des maladies comme le sida. Lorsque l'incroyance, le Kufr, est ôtée, tout le reste de ce qui est mauvais est ôté aussi. Mais il faut réaliser que chaque action interdite apporte des maladies, des maladies inconnues... De nos jours, des maladies inconnues nous parviennent par les personnes homosexuelles, et il n'y a ni traitement ni médicament pour elles, car elles vont à l'encontre du Saint Commandement du Seigneur des Cieux. S'ils trouvent un remède, une autre maladie sans espoir viendra, car le Créateur peut créer tant de bactéries et de virus. C'est sans fin...

Ainsi, la première protection consiste à ne pas exposer le corps au danger. De la même manière que celui qui pose la main sur un fil électrique en ressentira le résultat douloureux.

Les parents d'enfants nés avec des maladies sont ceux qui sont punis, non les enfants. Si les gens prennent soin d'eux-mêmes, alors ils sont protégés. Pour de telles personnes, il est facile d'être soigné. Même l'eau, source de vie, leur apporte un traitement et peut être un remède.

Allah a créé l'eau froide et l'eau chaude. Vous pouvez vous allonger dans l'eau froide, dans l'eau chaude ou dans la boue, et votre corps peut être renouvelé. Vous pouvez boire de l'eau et elle peut nettoyer votre intérieur. Vous pouvez manger du raisin et ce sera comme un remède. Vous pouvez manger du melon et cela vous donnera de la force. Tout ce que nous utilisons comme grâce ou comme faveur d'Allah le Tout-Puissant sera en même temps une source de force et un remède pour nous. De cette manière, il n'est nul besoin de chercher d'autres remèdes, car le Seigneur des Cieux, le Seigneur des enfants d'Adam, a tout créé.

La force vitale se trouve dans chaque aliment, et de même chaque aliment est un remède. La seule condition est de commencer chaque repas en Le louant et en Le remerciant : « Au nom d'Allah qui a créé ceci pour la richesse et la santé de Son serviteur ! » — chaque fois avant de manger ou de boire. Utilisez toute chose en Son Nom, et ce sera un traitement et un remède pour vous.

C'est le seul but pour lequel le Seigneur l'a créé, non pour être évité. De nos jours, lorsque vous allez voir des médecins réputés, ils énumèrent sans fin les aliments que vous devez éviter : « Ne mangez pas ceci, ne touchez pas cela, n'utilisez pas cela... » Ce n'est pas un traitement mais une punition. C'est parce que vous utilisiez toute cette nourriture sans mentionner le Seigneur, sans Lui être reconnaissant. Alors Il vous la retire ! Pour certaines personnes, cela ne finit jamais : « Ne mangez pas de sucre, ne mangez pas de fruits, ne mangez pas de viande, ne touchez pas au beurre, ne touchez pas au miel... »

Il est aussi très important de suivre la sunna, les traditions des prophètes, en particulier celles du dernier d'entre eux, Sayyidina Muhammad ﷺ, car les siennes ont été consignées avec la plus grande précision.

En ce temps-là, Muhammad ﷺ envoya une lettre au roi d'Égypte, qui fut très reconnaissant et envoya en retour un présent. C'était un âne, un serviteur et un médecin. Muhammad ﷺ accepta et dit : « Nous pouvons utiliser le serviteur comme aide, car nous avons tant d'invités chaque jour. L'âne est aussi très utile pour nous aider à porter nos lourdes charges. Mais nous n'avons pas besoin d'un médecin. » Mais le médecin insista, disant qu'il avait reçu l'ordre de le servir, et le Prophète ﷺ lui dit alors qu'il pouvait rester aussi longtemps qu'il le souhaitait. Le médecin resta un an, puis demanda la permission de partir. Le Prophète ﷺ lui demanda pourquoi, et le médecin répondit que pendant toute une année, pas une seule personne n'était venue se plaindre d'une quelconque maladie, pas même un mal de tête, un mal de dents ou un mal de ventre.

Muhammad ﷺ dit : « Nous ne sommes jamais malades, car nous ne mangeons jamais avant d'avoir faim et nous ne mangeons pas trop ; nous laissons toujours une petite partie vide. »

« Oui, dit le médecin, de cette manière aucune maladie ne viendra jamais à vous. »

En une autre occasion, le Prophète ﷺ dit que nous devrions laisser un tiers pour la nourriture, un tiers pour la boisson et un tiers pour l'air dans l'estomac. De nos jours, les gens mangent jusqu'à être pleins. Et même alors, ils en veulent encore. Comme les vaches et les bœufs, ils mangent sans interruption ; sucreries et chocolats sans arrêt. C'est une caractéristique typique des animaux : être occupé avec son corps physique tout le temps en mangeant, buvant, fumant, jusqu'à ce qu'il soit l'heure de dormir. Ils ne laissent jamais leur estomac se reposer. Et donc, si l'une des principales raisons des maladies est un estomac trop plein, alors bien sûr le jeûne est un remède essentiel.

Ne mangez que deux repas par jour. Lorsque vous maintenez votre estomac occupé, le corps est affaibli, car lorsque votre estomac est plein, le sang est occupé par la digestion et n'a pas le temps de combattre les bactéries. Alors, lorsque vous ressentez la faim, essayez d'attendre encore une ou deux heures. Pendant ce temps, le sang peut circuler et, lorsqu'il rencontre une bactérie, la détruire. Le sang agit comme un organe de contrôle dans votre corps.

Si vous maintenez les choses ainsi, les bactéries resteront faibles et ne causeront aucun dommage. La plus grande sagesse est de rester affamé si vous voulez être en bonne santé. Toute maladie vous vient après avoir mangé. Mais de nos jours, vous ne trouverez pas de gens qui ont faim dans le monde occidental. Tout le monde doit manger ou boire quelque chose en permanence. Ils ont même besoin d'une eau spéciale à boire ! Ils sont comme des animaux. Ils sont presque endormis, et encore des noix et du chocolat. Et à peine réveillés, ils réclament déjà leur petit-déjeuner. Dès qu'ils ouvrent les yeux, ils se mettent à le chercher. Ils ne veulent jamais avoir faim. La civilisation du vingtième siècle laisse ses gens manger et boire de manière excessive. Cela les place au niveau des animaux. Mais nous avons une structure différente. Les animaux utilisent ce qu'ils mangent d'une manière différente. L'herbe et les plantes se transforment en lait, en beurre et en laine. Ils mangent et servent l'humanité par ce que cela devient. Mais le corps humain ne sert personne de cette façon. Pour les animaux, il n'est pas dangereux de manger sans fin, cela fait partie de leur nature ; il n'en est pas ainsi pour l'être humain.

Ainsi, en mangeant et en buvant moins, vous deviendrez plus sain. La première chose que vous devez faire est de vous dire à vous-même de manger et de boire moins. C'est pourquoi les médecins prescrivent des régimes : pour permettre au sang de patrouiller dans le corps et de combattre les bactéries.

Enfin, les gens doivent surveiller la qualité de ce qu'ils mangent. Aujourd'hui, il est difficile de trouver quoi que ce soit qui ne contienne pas d'hormones. De l'extérieur, cela paraît beau, mais c'est plein d'hormones. La raison pour laquelle tant d'hormones sont utilisées est que les gens gaspillent environ quatre-vingt-dix pour cent de leurs ressources naturelles, et ainsi, pour pouvoir satisfaire les besoins et les désirs toujours croissants de l'humanité, les engrais naturels ne suffisent plus. Ce grand gaspillage est la raison de la moitié de toutes les maladies, qui diminueraient rapidement si cela cessait.

C'est pourquoi il est bon d'acheter dans les magasins d'alimentation naturelle. La nourriture y est sans hormones et les prix plus élevés empêchent les gens de la gaspiller.

En raison de la technologie toujours croissante, le processus de préparation de nos substances naturelles est aussi devenu de plus en plus compliqué et raffiné. Par exemple, lorsque le sel est raffiné, tant de choses en sont retirées qui procurent un bienfait au corps et dont le corps a besoin. Il en va de même pour l'huile d'olive : lorsqu'elle est raffinée, son originalité naturelle change. Tout ce qui est raffiné nuit à l'humanité. Ils essaient toujours de changer l'être naturel.

Ils pensent que le Seigneur Tout-Puissant Allah ne sait pas ce qui convient à notre être, alors ils essaient de le changer et de le rendre plus adapté. C'est impossible ! Allah sait ! Pendant des milliers d'années, personne n'a jamais pensé à raffiner l'huile d'olive. Maintenant, ils en retirent les parties riches et les utilisent pour autre chose. Ils ne les jettent pas, ils les utilisent à d'autres fins, peut-être pour d'autres huiles ou de la margarine. Ils laissent l'huile d'olive sans son essence, et l'essence est le point important qui procure le bienfait à nos corps.

Ils essaient par tous les moyens de changer autant que possible. Mais le meilleur pour l'humanité est ce qu'Allah le Tout-Puissant a créé. Cela devrait être utilisé sans y mettre la main pour en changer l'identité. Gardez-le tel quel. Si l'homme mange ce qui vient de la nature, tel que c'est, c'est le meilleur remède pour les corps physiques. Mais l'humanité est tellement impliquée dans tout qu'elle cultive légumes, céréales et fruits d'une manière qui rend les gens plus malades.

Ainsi, lorsque l'on traite les maladies par des remèdes naturels, il est avant tout important d'être patient. Ensuite, lorsque vous mangez, mangez juste un peu. Ne gaspillez rien et mangez de la nourriture naturelle provenant des magasins d'alimentation naturelle. Lorsque vous préparez la nourriture, faites-le avec une bonne intention. Mangez avec la main droite, c'est une sunna du Prophète ﷺ. Shaytan mange avec la main gauche. Quiconque mange avec la main gauche nuit à son corps. La propreté est très importante ; sans elle, il n'y a aucune protection contre les maladies. Utilisez l'eau en toutes occasions : lorsque vous allez aux toilettes ; et aussi avant et après avoir mangé, on devrait toujours se laver les mains, la bouche et le visage.

L'eau est le fondement de la vie. Plus elle est utilisée, plus la santé viendra.

Prenez du sel avant et après le repas, une petite pincée suffit. Cela prévient de nombreuses maladies, car cela active la digestion. C'est une part de la Sagesse Divine qui nous est parvenue à travers tous les Prophètes.

C'est une sunna de ne pas dormir sur le ventre. Le mieux est de dormir sur le côté droit ou sur le dos, soit en faisant face à la qibla, soit en plaçant la tête dans cette direction. Les gens saints, qui se sont pleinement soumis au Seigneur, ont une confiance totale et dorment sur le dos. Ne laissez jamais les bébés ou les enfants dormir sur le ventre. (Voir : MORT SUBITE DU NOURRISSON.)

Pour vos dents, vous devriez utiliser un miswak. Rincez aussi votre bouche autant que possible avec de l'eau et utilisez une poudre dentaire faite de sel et de cendres. Pour les dents, il est aussi bien meilleur d'utiliser des substances naturelles plutôt qu'un dentifrice chimique.

L'humanité doit apprendre à venir déclarer son humilité et sa servitude envers le Seigneur des Cieux. Tant qu'elle ne le fera pas, elle sera punie et rien ne lui apportera de traitement ni de santé. Le monde entier pourrait être rempli de médecins, de médicaments et de spécialistes, et il serait toujours impossible de donner à l'humanité la moindre santé, la moindre paix ou la moindre satisfaction, ni de lui ôter ses souffrances. Sans Le servir en Lui obéissant, cela sera impossible. Cela doit être bien compris.

QUI PROFITE DES MALADIES ?

Qui profite des maladies ? Les grandes entreprises ne veulent pas que les gens soient en bonne santé, car des milliers d'usines travaillent à produire des médicaments. Un simple petit flacon de médicament coûte déjà beaucoup d'argent. Le commerce des médicaments est immense. Vous ne trouverez pas une seule famille qui n'utilise pas de médicaments. Toutes en utilisent ! Elles en donnent aux enfants, aux adultes, aux hommes, aux femmes, aux malades comme aux bien-portants. On ne laisse même pas les gens en bonne santé tranquilles ! On leur dit qu'ils doivent prendre ceci ou cela pour un bilan de santé, ou pour prévenir des maladies qui pourraient survenir. Tout le monde est trompé pour consommer des comprimés, des injections ou des sirops. L'objectif est de faire de chacun un client des usines pharmaceutiques, d'immenses usines. Les gens pensent qu'ils ne peuvent pas vivre sans médicaments. Une fois que l'idée selon laquelle la vie sans médicaments est impossible s'est établie, les gens sont même reconnaissants pour tous ces médicaments. Parfois, il n'y a plus de médicaments dans nos pays, alors les gens sont envoyés en Europe pour obtenir davantage de comprimés. Très souvent, les médicaments acheminés vers le Tiers-Monde sont périmés, mais cela ne les dérange pas.

Lorsque les gens utilisent les herbes et tout ce qui appartient à la nature sauvage et n'a pas été modifié, ils trouvent le meilleur remède. Mais il est désormais à la mode d'utiliser tant de médicaments artificiels, alors que tout ce qui a été fabriqué artificiellement nuit au corps. Le pire, ce sont les antibiotiques. Ils combattent le corps ; chaque cellule en est endommagée. Les médecins le savent ; mais les patients n'ont pas de patience, et c'est pourquoi les médecins sont obligés de donner à leurs patients des solutions aussi rapides.

Ainsi, pour être en bonne santé, il est important d'utiliser ce qui est sain. Les gens, de nos jours, n'utilisent pas leur corps physique de la bonne manière, mais de la pire. Aussi, même les corps des jeunes commencent à décliner dès l'âge de 25 ans, parce qu'ils n'utilisent pas le pouvoir spirituel pour soutenir leur corps physique. Ils gaspillent leurs forces physiques sans réfléchir. C'est pourquoi beaucoup sont déjà épuisés à seulement 25 ans. La puissance du corps physique des prophètes et des gens saints ne faiblit jamais. Même s'ils ont 100 ans ou plus, elle doit rester la même, car le pouvoir spirituel les soutient.

À Londres, il y a des livreurs de lait. Leurs véhicules fonctionnent avec des batteries, car ils ne font que quelques pas avant de s'arrêter. S'ils utilisaient des voitures ordinaires, le moteur s'userait rapidement. C'est pourquoi ils utilisent des batteries. Ces véhicules ne peuvent pas être utilisés sur l'autoroute. Et ceux qui n'utilisent pas leur pouvoir spirituel sont semblables à cela. Leurs corps n'ont été entraînés qu'à fonctionner avec des batteries. La puissance du corps physique devient de plus en plus faible. Ainsi, utiliser une batterie pendant ne serait-ce que 25 ans, c'est déjà trop. Mais ceux qui utilisent le pouvoir spirituel possèdent une énergie atomique.

Il existe des avions qui fonctionnent à l'énergie atomique et qui peuvent faire le tour du monde pendant 10 ans ou plus. Le pouvoir spirituel est encore au-delà de cela. Il permet aux gens de vivre et d'être forts, sans problèmes, jusqu'à la fin de leur vie. Le pouvoir spirituel est le même à la fin qu'au commencement. Il ne changera jamais. Mais les gens ne comprennent pas. Ils disent « Non ! » à tout cela, et puis, quand leur batterie est à plat, ils viennent me trouver et me disent : « Ô Shaykh, je n'ai plus de force. » Je leur réponds : « Vous avez brûlé votre énergie, elle est épuisée ! Que puis-je faire pour vous ? »

CONDITIONS POUR L'UTILISATION EFFICACE DE CE LIVRET

1. L'acceptation d'un Créateur unique
2. Ne pas consommer d'alcool
3. Ne pas fumer de tabac
4. Faire ou donner une aumône quotidienne
5. Lorsque les remèdes sont pris le matin à jeun, il est essentiel d'attendre une heure avant de manger ou de boire quoi que ce soit d'autre.

ALLERGIES

En été, prenez un bain froid ; en hiver, un bain chaud. Buvez beaucoup d'ayran (un mélange de yaourt, d'eau et de sel).

ANÉMIE

Mangez des carottes cuites avec des raisins secs et du sucre, chaque matin et chaque soir. Répétez pendant 40 jours.

ANGINE

Frottez du vinaigre sur le cou et la tête le matin et le soir. Restez au chaud : portez des chaussettes en laine et un bonnet en laine.

APPENDICITE

Moulez de l'orge et faites-la bouillir avec du lait. Appliquez cette préparation sur la zone de l'appendice, encore chaude, une ou deux fois. Laissez-la en place toute la journée et toute la nuit. Buvez une tasse de lait bouilli avec 5 clous de girofle moulus et mélangé à du miel, encore chaud, le matin, le midi et le soir.

ARTHRITE

Faites bouillir des pieds de mouton dans beaucoup d'eau jusqu'à ce que cela devienne une gelée. Prenez-en quelques cuillerées chaque matin avant de manger ou de boire quoi que ce soit d'autre. Répétez pendant 40 jours.

ASTHME

Prenez une poignée de graines de lin, moulez-les et faites-les bouillir avec un verre à thé turc de lait. Mettez le mélange sur un tissu et couvrez l'avant du corps, du cou au ventre, ainsi que le dos, du cou à la taille. Recouvrez d'un vêtement en laine et gardez toute la nuit. Répétez pendant 3, 5 ou 7 nuits.

Et/ou : Prenez un radis, écrasez-le et mélangez une cuillerée de cette purée avec une cuillerée de miel, puis mangez-le. Répétez une fois le matin et une fois le soir pendant 15 jours.

BÉBÉS AYANT DES DIFFICULTÉS À DORMIR

Les bébés agités tiennent leur agitation du caractère de leurs parents. Donnez-leur de la tisane d'anis, ainsi qu'un tawiz spécial.

BÉGAIEMENT

Prenez la coquille d'un œuf d'hirondelle et utilisez-la comme tasse. Buvez-y de l'eau plusieurs fois par jour en disant « Bismillahi rahmani rahim » à chaque fois.

BOULIMIE

À l'époque des Romains, il était courant que les gens mangent, puis utilisent un moyen de se faire vomir, afin de pouvoir continuer le plaisir de manger. De nos jours, ce phénomène réapparaît chez les gens sous forme de maladie.

Les Européens ne mangent pas de manière normale. Par exemple : le soir, ils vont au restaurant et restent assis au moins trois heures, voire davantage. Ils mangent et boivent, mangent et boivent pendant tant d'heures. Ils ne mangent que par plaisir, non par nécessité. La maladie leur vient pour les ramener à une vie normale. Ils devraient manger quand ils en ont besoin. S'ils n'en ont pas besoin, qu'ils ne mangent pas.

Les personnes souffrant de boulimie devraient d'abord cesser de manger des aliments variés. Elles ne devraient pas mélanger les aliments pendant les repas. Leur estomac n'accepte pas les aliments mélangés. Elles ne devraient manger que deux fois par jour et boire de l'eau d'orge pour prévenir les vomissements. Tant qu'elles mangent par plaisir, la maladie ne les quittera jamais. Elles ne devraient également jamais manger jusqu'à satiété, mais laisser un tiers de l'estomac vide. En l'espace de 40 jours, la maladie les quittera.

Elles devraient aussi essayer de ne pas consommer d'hormones artificielles, mais revenir à des aliments simples : riz, blé, orge, pommes de terre, légumes... et tout cela sans hormones. Les épices conviennent, elles préviennent les vomissements, en particulier le thym. Le mieux est de prendre une cuillère à soupe de thym avec du sel chaque matin, de le mâcher, puis de boire un peu d'eau. Boire également des boissons chaudes, ne pas boire d'alcool ni de boissons gazeuses artificielles. À chaque repas, manger de la salade avec du sel, du vinaigre, de l'huile d'olive et des oignons.

BOUTONS

Souvent un signe de maturité et du besoin de se marier. Massez pendant 5 minutes avec de l'huile d'olive et laissez agir toute la nuit.

Et/ou : posez une sangsue sur chaque bouton et laissez-la jusqu'à ce qu'elle soit gorgée de sang. Elle tombera alors d'elle-même.

Et/ou : frottez de l'huile de moutarde sur l'ensemble du corps 3 fois par semaine, 3 fois par jour.

BRONCHITE

Faire sécher les feuilles de plantain lancéolé ou de tussilage (plantago lanceolata) ainsi que ses fleurs. Puis les brûler et en inhaler la fumée avec de l'eau fumante.

BRÛLURES

Appliquer de l'eau froide puis de l'huile d'olive sur la brûlure.

BRÛLURES D'ESTOMAC

Prenez une pincée de sel à jeun le matin, puis buvez le jus de 2 *turunges* (oranges sauvages). Si vous n'en trouvez pas, utilisez du jus de pamplemousse.

CALCULS BILIAIRES

Boire un verre à thé turc de jus de radis noir chaque soir et chaque matin. Poursuivre le traitement pendant 15 à 40 jours.

CALCULS DU FOIE ET DE LA VÉSICULE BILIAIRE

Prenez un œuf cru entier avec sa coquille. Lavez-le, placez-le dans une tasse remplie de jus de citron pur et couvrez la tasse. Laissez reposer toute la nuit. Au matin, la coquille dure se sera dissoute. Retirez délicatement l'œuf avec la fine pellicule restante et utilisez-le par ailleurs. Buvez le mélange de jus de citron et de coquille dissoute pendant un ou deux jours consécutifs sans manger rien d'autre.

CALCULS RÉNAUX

Prenez une plante de thym entière avec ses racines. Retirez les feuilles et lavez-la. Plongez-la dans une marmite d'eau bouillante, puis retirez du feu. Laissez la plante infuser pendant une journée entière. Le deuxième jour, buvez un verre plein le matin, à midi et le soir. Poursuivez le traitement jusqu'à ce que le rein soit apaisé.

CANCER

Chaque matin, avant de manger ou de boire quoi que ce soit d'autre : boire un demi-verre à thé turc de jus d'oignon fraîchement pressé. Répéter pendant 40 jours !

CANCER DE LA PEAU

1. Frottez avec du coton imbibé de vinaigre jusqu'à ce que la peau rougisse. En particulier le soir, avant de vous coucher. Laissez agir toute la nuit.
2. Essayez de vous exposer au soleil le moins possible. Si cela s'avère nécessaire, couvrez entièrement votre peau. Veillez tout particulièrement à couvrir également le visage.

CÉSARIENNE

Je ne crois pas qu'il existe des bébés qui ne sortent pas. Le seul problème est que nous sommes impatients. Celui qui a placé le fœtus dans le ventre de la mère doit aussi l'en faire sortir. Mais nous ne sommes pas des gens patients.

Une autre raison pour laquelle tant de césariennes sont pratiquées est que l'on paie bien plus cher pour une césarienne que pour un accouchement normal. Je ne crois pas que les médecins le fassent dans l'intérêt des mères. Je ne crois pas qu'ils fassent là une chose bonne et juste.

La semaine dernière encore, je disais, au sujet de ma propre belle-fille : « Ne le faites pas, laissez-la accoucher ! » Le gynécologue avait dit : « Tout est normal. Mais c'est le premier bébé, alors peut-être que les douleurs de l'accouchement dureront jusqu'à ce soir. Rentrez chez vous vous reposer et revenez dans l'après-midi ! ».

L'erreur fut qu'Istanbul est une ville trop grande pour aller et venir ainsi, de sorte que dans l'après-midi, lorsque la douleur s'est intensifiée, il a fallu l'emmener dans un autre hôpital plus proche. Dans le service privé, deux autres gynécologues l'ont examinée et ont dit : « Oh, c'est trop de douleur pour elle, ses mains sont déjà bleues, ce qui signifie que c'est dangereux. Et le bébé est à l'envers. Les pieds sont en bas. Que pouvons-nous faire ? » Le médecin responsable a répondu que la césarienne serait la seule solution. Alors, même si ma belle-fille a crié qu'elle n'en voulait pas, ils l'ont fait.

Le premier médecin, qu'elle avait consulté le matin, a dit ensuite que tout avait été parfaitement normal, et que la tête était bien positionnée comme il se doit. C'était lui qui l'avait suivie pendant tous ces mois de grossesse, il devait donc le savoir.

Aussi, je ne fais pas confiance aux médecins lorsqu'il s'agit de décider quand pratiquer une césarienne. Ils prennent l'argent et coupent.

CHOLÉRA

Ne rien manger ni boire ! Prendre du sel d'Epsom pour se nettoyer de l'intérieur. Puis boire une petite tasse de kérosène[2] le matin. Pas de nourriture pendant une journée et, si possible, pas de boisson non plus. Si c'est absolument nécessaire, boire l'eau de riz non lavé que l'on aura fait bouillir.

CHOLESTÉROL

La principale cause de l'excès de cholestérol est la consommation de vin. Le vin rassemble le cholestérol dans le sang comme un aimant attire le fer. Ne buvez pas d'alcool ! À chaque repas, mangez une salade avec de l'oignon et du vinaigre, et/ou :

Faire bouillir une poignée de feuilles de néflier du Japon (en turc : yeni dünya) et en boire plusieurs fois par jour.

CHOC

Buvez du lait chaud.

---

[2] Le terme anglais *kerosene* utilisé dans le texte source est sujet à interprétation. L'ouvrage étant constitué de notes transcrites par un *murid* (disciple) à partir d'enseignements oraux de Mawlana Shaykh Nazim (QS), puis traduites en anglais, il est possible qu'une confusion terminologique se soit introduite au fil de ces transmissions successives. Dans le contexte d'un remède à usage interne, il est vraisemblable qu'il s'agisse en réalité de paraffine liquide médicinale (*liquid paraffin* en anglais britannique), un laxatif doux traditionnellement utilisé en médecine populaire.

CHUTE DE CHEVEUX

Pour laver vos cheveux, n'utilisez que du savon à l'huile d'olive ou du savon au laurier. Après le lavage, frottez le cuir chevelu avec de l'huile d'olive. Pour les femmes : en public, essayez de couvrir la tête afin d'éviter le mauvais œil.

COMMOTION CÉRÉBRALE

1. Ne bougez pas et n'y touchez pas !
2. Manger 21 raisins secs avec leurs pépins chaque matin.
3. Boire du lait avec du miel, froid ou tiède, chaque matin, midi et soir.
4. Ne jamais permettre qu'une opération soit pratiquée.

CONSTIPATION

Faire bouillir 3 à 5 figues dans de l'eau. Boire l'eau et manger les figues.

CONTRACEPTION

Le problème de l'humanité de nos jours est qu'elle ne croit pas. C'est la racine de presque tous ses problèmes. Ces problèmes engendrent des souffrances qui rendent les gens malheureux et leur ôtent la paix et la satisfaction.

Le problème des enfants est l'un des plus grands et il cause à l'humanité beaucoup de souffrance. Certaines personnes souhaitent avoir des enfants et ne le peuvent pas. D'autres, comme la plupart des jeunes, n'en veulent pas, ni avant ni après le mariage.

Les relations illicites se répandent dans le monde entier et détruisent les hommes et les femmes physiquement et moralement.

Avant le mariage, ils utilisent la contraception afin de ne pas avoir d'enfant résultant de leur relation. Ils prennent alors beaucoup de poison pour empêcher la grossesse. Par cela, ils se détruisent eux-mêmes. Puis, lorsqu'ils entament une relation licite après la relation illicite, aucun enfant ne leur sera accordé.

Lorsque Allah le Tout-Puissant accorde un enfant, les gens disent souvent : « Un seul suffit ! » ou « Deux suffisent ! » ou « Trois suffisent ! » Ils n'en veulent pas davantage, alors ils recommencent la contraception. Que dit donc l'islam à ce sujet ?

Tout d'abord : l'islam n'autorise aucune relation illicite. Ensuite, il n'y a permission d'utiliser la contraception que dans des conditions très particulières. S'il est avéré qu'il y aurait un danger pour la vie de la mère ou du bébé, ou si les parents sont atteints d'une maladie qui pourrait être transmise à l'enfant ou aux générations à venir, alors la contraception est permise.

Mais de nos jours, les raisons de la contraception sont purement personnelles. Par exemple, les femmes ont peur d'avoir des enfants parce que la maternité ne correspond pas à la situation dans laquelle la plupart des jeunes filles se trouvent aujourd'hui. Une fois mariée, la femme veut garder sa silhouette et avoir l'apparence qu'elle avait avant le mariage. Habituellement, la maternité change la silhouette. La manière dont elles veulent paraître est généralement la raison principale pour ne pas vouloir d'enfants.

La deuxième raison est d'ordre financier, ce qui pousse la plupart des gens à ne pas vouloir d'enfants. La plupart des gens ne croient pas qu'Allah le Tout-Puissant a assuré la subsistance de chacun et que leur labeur et leur destin ont été prédéterminés. La plupart des gens sont des athées et des matérialistes qui n'accepteront jamais qu'Allah a créé les enfants et qu'Il veillera sur eux. Il n'y a aucune raison de s'inquiéter. De même que nous vivons, Allah les fera vivre et créera pour eux des conditions propices à la vie. Leur avenir n'est pas semblable au nôtre. Les conditions de vie changent chaque jour, en permanence.

Mais les incroyants pensent que les mêmes conditions perdureront, et c'est pourquoi ils tentent d'empêcher les enfants de naître. Ils les tuent, et c'est un grand péché.

La troisième raison est que les femmes ne sont plus au foyer. Des hommes cruels les contraignent à accomplir non seulement le travail domestique, mais aussi un travail à l'extérieur. Je n'ai jamais vu une cruauté pareille à celle du XXe siècle, provenant surtout des hommes. Les hommes travaillent aussi à l'extérieur, puis ils rentrent chez eux, s'assoient et se reposent. Pendant ce temps, les femmes rentrent du travail et doivent continuer à travailler à la maison. À trente ans, elles commencent déjà à vieillir.

Et les femmes insensées ne remarquent pas que les hommes insensés les dupent en leur disant que les hommes et les femmes sont égaux et qu'elles peuvent être policières, avocates, médecins, etc. Les femmes disent simplement oui à tout cela.

Puis, lorsque ces femmes ont des enfants, ceux-ci ne connaissent même pas vraiment leur mère, car hormis quelques heures, ils sont placés en crèche. Ils ne font jamais l'expérience de l'attention aimante et de l'amour de leur mère, qui dit désormais : « Nous avons besoin de tranquillité, deux enfants suffisent. » Habituellement, un seul leur suffit même.

Physiquement, les femmes qui travaillent à l'extérieur sont tellement affaiblies qu'elles ne se sentent pas encouragées à avoir davantage d'enfants. L'islam prend le parti des femmes en disant : « Pas de travail pour les femmes en dehors du foyer. »

Lorsque le pouvoir me sera donné, j'empêcherai les femmes de travailler en dehors de leur foyer. Je leur donnerai un salaire pour rester à la maison qui sera supérieur à celui gagné par les hommes travaillant à l'extérieur. Ainsi, elles seront plus heureuses à l'intérieur qu'à l'extérieur.

En Europe, je vois des femmes qui quittent leur maison dans l'obscurité du matin pour attraper un train ou un bus, ou qui prennent une voiture pour aller travailler. À quoi sert cette cruauté ? Toute la responsabilité repose sur les épaules des hommes, mais aujourd'hui la plupart d'entre eux sont des représentants du diable et ne croient pas. Je punirai ceux qui laissent leurs femmes travailler à l'extérieur. Également ceux qui ne passent pas au moins trois heures par jour avec leurs enfants et leur épouse.

De nos jours, toutes les conditions de la vie en société sont fondées sur la cruauté et les femmes sont contraintes de travailler. Nous devons tout changer de A à Z, transformer la cruauté en justice et rendre aux femmes leurs droits. Je suis pour que toutes les femmes restent au foyer, sans aucune exception. Cela ne signifie pas qu'elles ne devraient pas poursuivre des recherches intellectuelles ou développer les compétences qu'elles possèdent. Elles le peuvent, mais sans la pression de devoir en tirer de l'argent. Spirituellement, elles ont exactement les mêmes devoirs que les hommes, et le hadith qui dit de chercher la connaissance où que l'on puisse, même si cela signifie aller jusqu'en Chine, s'applique de la même manière aux femmes qu'aux hommes.

COURONNES DENTAIRES

Ne vous en faites pas poser, car de nombreuses infections peuvent se développer en dessous. Les plombages sont acceptables, de même que les prothèses dentaires.

COUP DE SOLEIL

Ne restez jamais directement exposé au soleil. Frottez le corps avec de l'huile d'olive.

CRAMPES DES NOURRISSONS

Autrefois, il était de tradition de réciter une prière aux oreilles d'un nouveau-né. C'était une tradition dans toutes les religions, aujourd'hui perdue. Pour prévenir les crampes, et bien d'autres troubles, procédez comme suit : prononcez l'azhan, l'appel à la prière, dans l'oreille droite, et l'iqama, le petit appel à la prière, dans l'oreille gauche.

Donnez également toujours la sadaqa à chaque naissance. Placez le Livre Saint au-dessus du lieu de sommeil du bébé, utilisez une couverture de couleur rouge ou violette sur sa tête comme protection contre les djinns, et faites-lui porter un tawiz en permanence. Si les crampes surviennent malgré tout, donnez une sadaqa supplémentaire et pratiquez un massage à l'huile d'olive.

CRAMPES MENSTRUELLES

Pour toutes les affections des organes féminins, faites fondre une demi-cuillère à soupe de beurre et mélangez-la avec une cuillère à soupe de miel. Consommez ce mélange le matin à jeun et attendez une heure avant de prendre quoi que ce soit d'autre.

CURETAGE

Tout ce qui est retiré du corps, aussi petit soit-il, rend le corps anormal, lui cause des troubles et des douleurs, et le rend incomplet. Le curetage est le pire de tous.

La permission de pratiquer un tel acte ne peut être accordée que si un bébé meurt dans l'utérus et qu'il est obligatoire de le retirer. Sinon, les femmes qui font cela seront punies jusqu'à la fin de leur vie. Elles blessent leur organe, et surtout si le fœtus a plus de 4 mois — ce qui signifie qu'il vit également au sens spirituel — c'est comme un meurtre. N'accordez jamais la permission de faire une telle chose.

Dans les autres cas où les médecins conseillent de pratiquer un curetage, la raison en est que l'organe n'a pas été utilisé de manière convenable. Toute jouissance a été prise, et ce qui est interdit doit être puni. Seulement si cela s'est produit avant la venue à l'Islam et avant de savoir que c'est interdit, alors c'est un cas différent. C'est alors pardonné par Allah le Tout-Puissant et le châtiment est levé.

Après que quelqu'un est venu à l'Islam, chaque acte haram que la personne commet sera puni et apportera des troubles.

DÉCHIRURE MUSCULAIRE

Immobilisez l'articulation autant que possible pendant 4 jours. Massez vigoureusement avec de l'huile d'olive 3 fois par jour, chaque massage durant 10 à 15 minutes. Enveloppez l'articulation d'une bande élastique.

DENTS DE SAGESSE

Ayez de la patience !

DÉPRESSION

Visitez régulièrement les hôpitaux, les maisons de santé, les prisons et les maisons de retraite, et vos propres dépressions disparaîtront rapidement. De nos jours, beaucoup de jeunes gens sombrent dans la dépression parce qu'ils sont contraints de suivre une éducation dans laquelle ils doivent apprendre des matières théoriques pendant de longues années, qu'ils n'utiliseront jamais par la suite, et n'obtiennent même pas d'emploi. Pour éviter cela, je suggère aux jeunes gens d'apprendre des métiers manuels, comme la menuiserie, qui est très utile et leur procurera également un emploi au terme de leur formation.

DIABÈTE

Buvez une tisane de gaillet gratteron (gallium aparine).

Et/ou :

Mangez un citron entier avec la peau au cours d'une journée. Répétez pendant 40 jours.

Prenez une grande cuillère de café finement moulu et mélangez-la avec du jus de citron. Une fois avalé, vous pouvez boire un verre d'eau. Après cela, ne buvez ni ne mangez rien pendant plusieurs heures.

DISQUES INTERVERTÉBRAUX USÉS

Les gens devraient prendre l'habitude de manger la gelée qui provient de la cuisson des pieds de mouton ou de la tête d'un mouton ou d'une vache. Cette gelée lie les os entre eux. Les personnes qui en mangent régulièrement fournissent à leur corps une réserve de cette substance. Chaque fois que le corps en a besoin pour se rénover, il y puise. C'est comme faire le plein d'huile dans une voiture une fois l'huile usée. Les personnes qui ont tendance à avoir des problèmes de disques devraient manger cette gelée régulièrement chaque jour ; les autres, chaque semaine.

DOULEURS AU GENOU

Massez le genou avec de l'huile de moutarde ou un mélange de kérosène et d'huile d'olive pendant 15 minutes chaque soir. Couvrez ensuite avec de la laine pure et laissez en place toute la nuit. Répétez pendant 15 nuits.

DOULEURS PELVIENNES

Faites chauffer de l'huile d'olive et massez.

DYSTROPHIE MUSCULAIRE

1. Préparez de la moelle osseuse à partir de pieds de mouton et mangez-en une cuillerée chaque matin, midi et soir.
2. Mangez autant de raisins secs avec pépins que possible.
3. Écrasez et faites griller des graines de nigelle (*nigella sativa*), mélangez-les avec du miel naturel et prenez-en une cuillerée chaque matin, midi et soir.

4. Versez la sadaqa.

ÉCHOGRAPHIE

Voir : GROSSESSE ET ÉCHOGRAPHIE.

EAU DANS LES JAMBES

Placez une sangsue sur la face externe et la face interne de la cheville et laissez-les en place jusqu'à ce qu'elles se détachent d'elles-mêmes.

EMPYÈME

Placer un morceau de tomate sur l'infection et l'attacher avec un linge pendant la nuit.

ENFANTS QUI NE GRANDISSENT PAS

Donner la sadaqa. Leur donner du bouillon de moelle osseuse à manger et du lait de brebis à boire.

ENTORSE DE LA CHEVILLE

Hachez un oignon et placez les petits morceaux sur la zone foulée. Attachez fermement un morceau de tissu autour et laissez en place pendant plusieurs heures. Dans les cas graves, répétez l'opération plusieurs fois jusqu'à ce que l'enflure disparaisse.

ÉNURÉSIE NOCTURNE

Prendre une grosse cuillerée de saponaire (saponaria officinalis) mélangée à du sucre avant d'aller se coucher.

ÉPILEPSIE

Il existe deux grands groupes d'épileptiques :

1. Ceux qui sont possédés par les djinns

Si la crise est provoquée par les djinns, il est utile de placer un morceau de fer sur la nuque jusqu'à ce que la crise soit passée. N'importe quel objet en fer convient : couteau, cuillère... Porter toujours un tawiz (talisman) recouvert de cuir. Toute sourate ou verset du Saint Coran doit être récité au-dessus d'eux.

2. Dysfonctionnement cérébral

Cette forme est parfois causée par une chute du nourrisson sur la tête, ce qui peut provoquer un saignement intracrânien. Ce sang coagule et endommage le reste du cerveau. On doit raser le sommet du crâne de ces patients et pratiquer une application de ventouses. Seul le sang coagulé doit être retiré, non le sang sain. Répéter trois fois. Ensuite, appliquer de la bouse de vache au même endroit. Mélanger du beurre et des graines de nigelle (nigella sativa) en une pâte épaisse et l'appliquer par-dessus. Bander la tête pendant 3 jours en changeant le bandage toutes les 24 heures et en renouvelant le cataplasme. Un seul traitement suffit, *incha'Allah.*

FIÈVRE JAUNE

1. Pressez des citrons et mélangez le jus avec du miel. Buvez-en chaque matin, à midi et le soir, autant que possible.
1. Versez une *sadaqa*.
2. Mangez du riz au citron.
3. Couvrez la tête et le ventre de linges imbibés de vinaigre.

FLATULENCES

Buvez une tisane d'anis chaque matin, midi et soir.

GANGLIONS

La cause principale est le froid ; il faut donc se maintenir au chaud en toutes circonstances. En cas d'infection : prendre un citron et en couper le sommet. Placer dans le citron trois morceaux de pierre d'alun de la taille d'un pois. Mettre le citron dans des cendres chaudes pendant la nuit. Faire bouillir des fleurs de camomille et les verser dans le citron, puis attacher ce citron garni sur le disque supérieur de la colonne vertébrale. Laisser en place pendant 3 nuits. Renouveler si nécessaire après quelques jours.

GOUTTE

Faites bouillir des pieds de mouton et buvez le bouillon comme une soupe, plusieurs fois par jour.

GRINCEMENT DES DENTS

Avant de vous coucher, prenez une caroube. Attachez un fil aux deux extrémités, placez la caroube entre vos dents et passez le fil autour de votre cou afin que la caroube ne puisse pas tomber. Utilisez ce procédé pendant trois nuits.

GROSSESSE ET ÉCHOGRAPHIE

Lorsqu'une femme est enceinte, il ne lui est même pas conseillé d'aller chez le médecin. Aucune main ne devrait atteindre le fœtus. C'est tout à fait contraire aux Règles Divines. Lorsqu'Allah le Tout-Puissant commence à créer et à parfaire le fœtus, les anges y travaillent. Ils ne veulent jamais que les médecins regardent ce qui se trouve à l'intérieur. Ils veulent que cela soit laissé comme un dépôt sacré.

Alors n'y allez pas ! C'est la plus grande erreur que vous puissiez commettre que d'aller faire un examen chaque mois lorsque vous êtes enceinte.

Dans l'ancien temps, lorsque les douleurs de l'accouchement survenaient, on appelait une sage-femme qui disait alors : « Bismillahi rahmani rahim. Ô mon Seigneur, laissez venir Votre serviteur ! » C'était tout.

Je suis contre toute forme de contrôle pratiquée par les médecins. L'échographie est une chose des plus dangereuses pour le fœtus. Il est inadmissible de le perturber de cette manière.

On ne sait jamais quel mal les radiations ont causé à l'enfant ; si elles traversent les yeux, elles peuvent le rendre aveugle, si elles traversent les oreilles, le rendre sourd, si elles traversent la bouche, le rendre muet...

Dans l'ensemble, l'échographie est inutile, même pour le cancer.

Les médecins ne savent pas comment trouver un médicament pour guérir le cancer, alors ils utilisent l'échographie. Elle ne sert qu'à leur faire gagner davantage d'argent. Ce n'est pas un remède. C'est pourquoi je suis contre l'échographie en général.

HÉMORROÏDES

Mâchez 10 à 12 baies de genièvre le matin à jeun, avant de manger ou de boire quoi que ce soit d'autre. Buvez ensuite un verre d'eau. Répétez pendant 15 jours. Si vous n'avez plus de dents, écrasez les baies avant de les prendre.

HERNIE DISCALE

Le patient doit s'allonger sur une surface dure, sur le ventre. Massez le dos avec de l'huile d'olive jusqu'à obtenir un certain soulagement. Puis appliquez un emplâtre à l'endroit concerné (un emplâtre perforé qui laisse respirer la peau) ; placez par-dessus de la laine dans le creux de la colonne vertébrale de manière à la redresser et à la rendre parfaitement droite, et à empêcher tout autre mouvement.

Attachez ensuite le tout fermement avec un bandage d'au moins 10 à 15 cm de large. Durant cette procédure, le patient ne doit pas bouger sans assistance ; quelqu'un d'autre doit le faire pour lui. Gardez cela pendant 40 jours, ou si nécessaire pendant 2 mois. Lors de la douche ou du bain, retirez le bandage et remettez-le ensuite.

HERPÈS

Buvez un verre de jus de *turunge* (oranges sauvages) ou de jus de pamplemousse chaque matin pendant 10 jours.

HOQUET

Buvez de l'eau.

INFECTION DE LA VESSIE / DES REINS

Prendre 5 kilos de concombres. Les éplucher. Prendre la peau et la faire bouillir avec 3 bouquets de persil dans une marmite contenant le double d’eau. Lorsque la moitié de l’eau s’est évaporée, filtrer et mettre le jus au réfrigérateur. Boire un verre à thé turc plein chaque matin, midi et soir jusqu'à la disparition de l’infection.

INFECTION OCULAIRE

Faire bouillir du thé noir et l’appliquer sur les yeux à l’aide de coton, en prenant grand soin de ne pas frotter, afin que l’infection ne se propage pas. L’idéal est de laisser le coton imbibé sur les yeux pendant environ 15 minutes avant le coucher. Une variante consiste à baigner l’œil dans le thé, par exemple à l’aide d’un coquetier.

INFECTION VIRALE DE LA BOUCHE

Faites griller 2 cuillères à café de graines de nigelle (*nigella sativa*). Puis écrasez-les et laissez-les dans la bouche pendant 10 à 15 minutes. Répétez plusieurs fois par jour.

INFERTILITÉ

Voir : stérilité

INSOLATION

Lavez la tête et le corps à l'eau froide.

INSOMNIE

Ne dormez jamais entre midi et le coucher du soleil. Ne buvez ni café ni thé après le coucher du soleil. Après le coucher du soleil, allez dormir immédiatement dès que vous ressentez le sommeil. Respectez votre somnolence, ne luttez pas contre elle. Après 40 jours de respect de ces précautions, votre problème de sommeil sera résolu, *incha'Allah.*

JAMBE DU FUMEUR

1. Chaque matin, avant de manger ou de boire quoi que ce soit d'autre, buvez une tasse pleine de jus d'oignon. Répétez jusqu'à amélioration.
2. Mélangez de l'huile d'olive et de la paraffine et massez vigoureusement cette partie de la jambe pendant 15 minutes.
3. Mangez chaque matin une salade composée de pomme ou d'orange avec du vinaigre et de l'huile.

LA PEUR

Cela est lié à votre vie spirituelle.

1. Si vous êtes incroyant, vous devez commencer à croire, car nul ne vous donnera la paix si ce n'est Allah.
2. Si vous êtes croyant, vous n'avez aucune raison de craindre si vous n'avez jamais fait de tort à quiconque. Si tel est le cas, ou si vous avez commis un acte réprouvé, vous devez y mettre fin, car le mal reviendra vers vous comme un boomerang. Si vous persistez dans la rébellion, votre peur demeurera.
3. Les croyants doivent prendre une douche ou un bain, ou simplement faire leurs ablutions (woudou) et prier. Les incroyants doivent s'asseoir, fermer les yeux et demeurer en silence.

Allah le Tout-Puissant ne nous permet pas de nous lasser de Le servir. Nous devons toujours nous y efforcer, sans jamais être trop fatigués. Les anges ne se lassent jamais ; ils font sans cesse le zikr. Si vous louez le Seigneur, cela soutiendra votre âme, et l'âme soutiendra le corps. Lorsque le soutien spirituel cesse, la mort survient. Quand l'âme quitte le corps, celui-ci meurt car plus rien ne le soutient. C'est ainsi que l'on meurt.

Selon la quantité de zikr que vous accomplissez, vous trouverez la paix, le bonheur et la satisfaction en vous-même. Plus vous consacrez de temps à la spiritualité sous forme de prières et de servitude, plus vous découvrirez un bonheur secret en vous.

Les gens cherchent partout dans le monde extérieur pour trouver le bonheur. Mais c'est impossible. Même s'ils sont rois, seigneurs ou les personnes les plus riches de la terre, les choses matérielles ne donneront jamais la satisfaction. Seule la louange du Seigneur apporte la satisfaction et un sentiment accru de sécurité quant à l'avenir.

Plus vous faites de zikr, plus vous sentirez que vous êtes protégé. Les jours à venir seront très difficiles, dangereux et effrayants. Les gens demanderont la sécurité de plus en plus et se mettront à courir vers les endroits où ils croient pouvoir être en sûreté.

Mon Grand-Cheikh a dit que lorsqu'une situation dangereuse se présente à vous, il faut se hâter de faire ses ablutions ou de prendre un bain. Cela calmera vos nerfs. Si cela ne suffit pas, prenez votre tapis de prière, asseyez-vous dessus, levez-vous dessus et commencez à prier. Cet endroit sera le plus sûr pour vous. Le tapis de prière et les prières sont la plus grande protection.

Durant la Première Guerre mondiale, le Grand-Cheikh était volontaire dans l'armée. Il nous raconta que lorsqu'il se trouvait aux Dardanelles, les combats les plus acharnés faisaient rage. Tant d'armées voulaient forcer le passage. Le Grand-Cheikh y resta jusqu'à la fin. Des milliers périrent. Il nous dit : « Un jour, je priais la prière de douha tandis que les ennemis attaquaient et lançaient des bombes sur nous. La plus grosse bombe de toutes arriva et explosa, car elle tomba près du quartier général de l'armée. Trente-sept personnes furent tuées. Tout était recouvert de poussière. Le général dit : "Oh, notre Cheikh est mort, la bombe est tombée exactement sur son tapis de prière." »

Lorsque la poussière fut retombée, le général put voir le Grand-Cheikh qui priait encore au loin. Rien ne lui était arrivé, et le général, surpris, lui demanda : « Que s'est-il passé ? »

« Rien ne s'est passé, répondit le Grand-Cheikh, rien qui n'ait été ordonné par Allah. Je priais la prière de douha et je n'avais aucune peur. Je n'ai regardé ni à droite ni à gauche. »

Le général dit : « Cette prière vous a sauvé. Je jure que lorsque je sortirai d'ici, je n'omettrai plus aucune de mes prières. Ô Hodja Effendi, ce n'est pas par crainte d'Allah que je ne prie pas, car tant de fois j'ai négligé mes prières et Allah ne m'a puni en aucune façon. Mais à présent je crains que le châtiment ne vienne de vous. »

Le Grand-Cheikh dit que tant que vous êtes sur le tapis de prière, aucun mal ne peut vous atteindre. La première et la dernière protection pour l'humanité est la louange du Seigneur. Des jours si terribles et dangereux vont venir à présent. Ce que vous avez vu jusqu'ici n'est rien comparé à ce qui adviendra. Les gens de ce temps passeront devant les cimetières et diront : « Ô vous, sous la terre, vous avez la chance de ne pas voir ces jours. Moi aussi, je souhaiterais être avec vous là-dessous. » Des jours terribles sont devant nous. Croyez en Dieu et priez. Prenez votre tapis de prière, asseyez-vous dessus, et priez et louez le Seigneur. Il n'y a plus d'autre protection que celle-ci. Aucune armée au monde ne peut vous protéger.

Les anges glorifient le Seigneur. Ils ne se lassent jamais de le faire, car la glorification est leur nourriture. La puissance d'un seul ange est supérieure à la puissance de toute l'humanité réunie. C'est une puissance spéciale. Comparées au pouvoir spirituel, les armes ne signifient rien. Elles peuvent être arrêtées en un instant. Une seule personne peut neutraliser toutes les armes nucléaires en une seule nuit, en une heure, en un instant.

Nous ne craignons pas une guerre nucléaire.

Les choses ne se passeront pas comme ils le veulent. Le contrôle est entre les mains d'un Saint Homme qui contrôle toute chose. Ce monde est sous le Contrôle Céleste. Les gens pensent que ce sont eux qui le contrôlent, mais ils ne contrôlent rien. Le véritable contrôle est entre les mains des 5 qutubs.

Allah nous commande et Il aime que nous Le glorifions. Cela vous donne l'énergie et la paix, cela vous donne tout. Essayez de consacrer davantage de temps à cela. Dites davantage « La ilaha illallah », davantage de salawat et davantage « Allah, Allah... ». Essayez de consacrer davantage de votre temps à l'énergie spirituelle. Chaque prière et chaque zikr vous donneront plus d'énergie, plus de force et plus d'amour pour Allah. La vraie vie vient de l'amour. Quand il n'y a pas d'amour, il n'y a pas de vie. Les Saints disent que ceux qui n'ont pas d'amour sont comme des morts. L'amour est la vie, la lumière et ce qui nous rend complets. Plus nous en avons, plus notre vie sera complète et emplie de félicité.

L'objectif principal de notre tariqat est de former les gens à faire davantage de zikr et à recevoir davantage de puissance et de soutien.

Le temps du Jour Dernier approche. Des centaines de signes sont apparus, et l'un d'entre eux est que les gens ont cessé de louer le Seigneur. C'est pourquoi tant de souffrances leur adviennent. Alors ils se tournent vers les drogues. Le remède à toutes les maladies est la glorification du Seigneur. L'amour pour Allah donnera la paix maintenant et pour toujours.

LAVAGE COMPULSIF

Une toilette complète du corps deux fois par jour suffit. Si quelqu'un en a besoin davantage, qu'il plonge ses bras jusqu'aux coudes dans une poubelle. Puis qu'il se couvre le visage et la tête avec la saleté de la poubelle. Laisser sur le corps pendant 10 minutes, puis se laver.

LUMBAGO

Remplissez une serviette de sel chauffé et effectuez un massage de haut en bas depuis le point de douleur vers les jambes.

MALARIA

Prenez une grande cuillère de quinine liquide chaque jour et couvrez la tête d'un linge imbibé de vinaigre.

MALADIE DE CROHN / COLITE ULCÉREUSE CHRONIQUE

1. Faites griller, écrasez et mélangez 20 à 25 glands avec un verre de miel. Prenez une cuillère à soupe chaque matin avant de manger ou de boire quoi que ce soit d'autre.
1. Une demi-heure à une heure plus tard : mélangez des orties (cuites comme des épinards) avec du blé cuit, des haricots blancs et du maïs. Ajoutez du sucre ou du sel selon votre goût.
2. Prenez une grande cuillère d'huile d'olive une heure avant le déjeuner. Ne consommer ni viande ni beurre pendant 7 jours ; utilisez uniquement de l'huile végétale, de préférence de l'huile d'olive. Il est préférable de ne manger que des aliments secs.

MALADIE DE PARKINSON

Avant d'en arriver là, les gens doivent prendre davantage soin d'eux-mêmes. Ils utilisent leur corps de manière si négligente et, très souvent, ne se soucient guère de la façon dont ils mangent, dorment ou travaillent. Cette maladie est le signe d'un moteur épuisé. Les personnes qui en sont atteintes doivent faire preuve de patience. Ensuite, faites fondre 3 grammes d'ambre pur sur une cuillère au-dessus d'une flamme. Puis retirez du feu. L'ambre redeviendra solide en prenant la forme de la cuillère. Chaque fois que vous buvez du thé, du café ou de l'eau, remuez 3 à 4 fois avec cette cuillère avant de boire. La cuillère devrait durer de 1 à 2 mois. Poursuivez le même traitement jusqu'à la disparition de la maladie.

MAL DE DENTS

Faites chauffer du vinaigre avec du sel et faites des gargarismes du côté douloureux. Et/ou : placez un peu d'ail écrasé dans la cavité de la dent. Et/ou : mâchez un clou de girofle et appliquez-le dans la cavité.

MAL DE GORGE / DÉBUT DE RHUME

Prenez de l'eau chaude, pressez-y du jus de citron et gargarisez-vous chaque matin, midi et soir. Buvez également cette préparation plusieurs fois par jour en y ajoutant l'écorce de citron, du miel et un peu de gingembre écrasé.

MAL DE MER

1. Ne mangez pas !

2. Allongez-vous.
3. Respirez un oignon.

MAL D'OREILLE

Prendre un quart de cuillère à café de graines de nigelle (nigella sativa) et les griller, puis les moudre. Ajouter de l'huile d'olive, chauffer le mélange, et instiller 7 gouttes à l'aide d'une seringue dans l'oreille, matin et soir, jusqu'à amélioration.

MAMELONS DOULOUREUX ET SAIGNANTS

Voir : VERGETURES

MASSAGE

Pour effectuer un massage corporel, faites d'abord chauffer du sel cristallin, enveloppez-le dans un morceau de tissu, puis procédez au massage avec celui-ci.

MAUX DE TÊTE

Les causes des maux de tête sont si nombreuses. Il est important de déterminer pourquoi la tête fait souffrir. Parfois, c'est une autre maladie dans le corps qui en est la cause. Si tel n'est pas le cas, la raison en est une atteinte du système nerveux au niveau du cou.

1. Massez la tête et le cou.
2. Appliquez autour de la tête un morceau de tissu imbibé de vinaigre.
3. Mélangez du henné, des clous de girofle, des graines de moutarde, des graines de nigelle et des gousses de séné.

Broyez le tout et mélangez avec du vinaigre. Appliquez la préparation sur la tête et laissez agir pendant 2 jours.

4. Couvrez-vous la tête en permanence.
5. Faites bouillir 15 gros haricots bruns, buvez l'eau de cuisson et mangez les haricots.

MAUX D'ESTOMAC

Buvez une tisane de menthe poivrée. En cas de faim, buvez l'eau de cuisson du riz. Et/ou : faites griller des graines de nigelle (*nigella sativa*), mélangez-les avec du miel et consommez. Et/ou : prenez une grande cuillère d'huile d'olive et buvez-la. Et/ou : broyez 4 clous de girofle dans du lait chaud et buvez avec du miel ou du sucre.

MÉMOIRE FAIBLE

Mangez 21 raisins secs avec leurs pépins chaque matin en disant « *Bismillahi rahmani rahim* » (Au nom de Dieu, le Tout Miséricordieux, le Très Miséricordieux) pour chacun d'entre eux.

MÉNISQUE

Massez le genou chaque matin et chaque soir avec un mélange d'huile d'olive et de kérosène. Couvrez ensuite avec de la laine non lavée. Répétez pendant 7 jours.

MÈRES ALLAITANTES / MANQUE DE LAIT

Laver des pois chiches, les faire tremper toute la nuit et, le matin, boire l'eau dans laquelle ils ont trempé. Répéter chaque jour jusqu'à ce que le lait s'améliore. Il est également bon de manger beaucoup de bananes.

MORSURE DE CHIEN

Appliquer rapidement du kérosène sur la plaie.

MORSURE DE SERPENT

Sucez le venin et attachez fermement quelque chose autour de la morsure. Puis appliquez du citron ou du vinaigre dessus, ou plongez-la dans de l'eau salée jusqu'à ce que la douleur disparaisse.

MORT SUBITE DU NOURRISSON

Les morts subites du nourrisson résultent de djinns jouant avec le bébé. Prenez donc toutes les précautions :

1. Les bébés, comme les adultes, ne devraient jamais dormir sur le ventre. Ce doit être soit sur le dos, soit sur le côté droit, la tête dans la direction de la qibla, ou face à la qibla lorsqu'on est couché sur le côté droit.
2. Faites porter à votre bébé le tawiz en permanence.
3. Placez un oreiller ou un tissu près du bébé de couleur rouge ou pourpre, car ces couleurs mettent les djinns de bonne humeur.
4. N'irritez pas les djinns en faisant le ménage après le coucher du soleil. Surtout les travaux avec de l'eau comme le lavage du sol ou la lessive. Les djinns sont faits de feu et tout contact avec l'eau, surtout après le coucher du soleil lorsque leur journée commence, les irrite. Si

c'est nécessaire, veillez bien à invoquer chaque action d'un « Bismillah ! » à voix haute.

MYCOSE DES PIEDS

Ne pas laisser les pieds mouillés et veiller à ce que les orteils ne se touchent pas. Au coucher, placer entre les orteils des tampons de coton imbibés de vinaigre.

MYOPIE

Chaque matin, avant de manger ou de boire quoi que ce soit d'autre, mangez 3 gousses d'ail écrasées mélangées avec une cuillerée de miel. Répétez pendant 40 jours.

NEURODERMITE

1. Buvez une cuillère à soupe d'huile d'olive non raffinée chaque matin.
2. Prenez un bain chaque jour. Ensuite, frottez l'ensemble du corps d'abord avec du citron, puis avec de l'huile d'olive. Poursuivez le traitement jusqu'à la disparition de la maladie.

NEZ QUI COULE

Faites bouillir des feuilles d'eucalyptus dans de l'eau et inhalez plusieurs fois par jour.

OIGNON DU PIED (Hallux valgus)

C'est principalement un problème féminin. Ne portez pas de chaussures serrées. Vos orteils doivent pouvoir se reposer et bouger. Pour le traitement, faites un bandage serré autour des orteils, en leur permettant néanmoins de bouger. Tant que vous avez le sentiment que la déformation continue de croître, continuez à faire un bandage de cette manière. D'une façon générale, les chaussures doivent être confortables pour éviter les maladies des pieds.

ONYCHOPHAGIE (se ronger les ongles)

Trempez le bout des doigts dans du piment.

OPÉRATIONS

Il n'est jamais permis de pratiquer des opérations pour le cancer, le cœur ou la tête. En fait, si quelqu'un me le demande, je ne donne la permission pour aucune opération, car les opérations raccourcissent la vie au lieu de la prolonger. Un jour, voici ce qui arriva à une famille au Liban : une femme subit une opération du cancer. Un an plus tard, elle mourut. La fille tomba également malade et fut hospitalisée. Son fils se rendit aussi vite que possible à Damas pour rencontrer le Grand Cheikh Abdullah Daghistani. Le Grand Cheikh lui conseilla de faire sortir sa mère de l'hôpital le plus rapidement possible. C'est ce qu'il fit, bien que les infirmières et les médecins courussent après lui pour tenter de l'en empêcher. Vingt ans plus tard, elle se portait toujours bien. C'est une question de force de la foi, et les limites de celle-ci diffèrent pour chacun. Une grande foi vous donne une grande certitude et une grande patience, et par conséquent, des bénédictions. Une foi faible s'affaiblira davantage encore dans les épreuves et les difficultés, et ne vous laissera aucune patience.

OREILLONS

Mangez une grande cuillerée de sirop de caroube chaque matin, midi et soir. Frottez la zone infectée plusieurs fois par jour avec de l'huile d'olive.

PARALYSIE

1. Versez la sadaqa.
2. Effectuez un massage de 10 à 20 minutes avec de l'huile d'olive le matin, le midi et le soir.
3. Écrasez des graines de nigelle (*nigella sativa*) et faites-les bouillir dans de l'eau. Puis mélangez avec du miel et buvez en tisane le matin, le midi et le soir.

PARASITE VAGINAL

Mélangez une cuillère à soupe de miel avec une demi-cuillère à soupe de beurre fondu. Mangez le mélange encore chaud chaque matin, avant de boire ou de manger quoi que ce soit d'autre. Répétez pendant 40 jours.

PARODONTOSE

Brossez vos gencives plusieurs fois par jour avec un miswak jusqu'au saignement. Poursuivez ce traitement pendant 3 jours.

PELLICULES

Appliquez de l'huile d'olive et un peu de vinaigre sur les cheveux et massez les racines avec ce mélange. Laissez agir sur les cheveux pendant une heure avant de rincer.

PERTE DE SANG

Patience ! Votre corps produit lui-même du sang neuf. En l'espace de 40 jours, le sang perdu sera régénéré. Boire le même bouillon que pour « Transfusion sanguine » ainsi que du lait de brebis avec du miel.

PIQÛRE DE SCORPION

Appliquez du sel et de la salive sur la piqûre.

PIQÛRES DE MOUSTIQUES

Appliquez de la paraffine sur les parties du corps qui ne sont pas couvertes avant d'aller vous coucher. Si vous avez la mauvaise habitude de dormir nu, prenez un bain de paraffine avant de dormir.

POSITION D'ACCOUCHEMENT

La meilleure position, si vous en êtes capable, est accroupie.

PREMIERS SECOURS

1. Bander les plaies afin d'éviter les pertes de sang.

2. Maintenir le blessé au chaud.
3. Donner à boire du jus de citron frais ou de l'*ayran* (lait fermenté).

PRESBYTIE

Écrasez une grosse gousse d'ail ou trois petites et mélangez avec une cuillère à café de miel. Mangez ce mélange chaque matin, une heure avant de manger ou de boire quoi que ce soit d'autre. Répétez pendant 40 jours.

PRÉVENTION DE LA CRISE CARDIAQUE

La crise cardiaque est un châtiment pour avoir usé de notre corps sans en prendre aucun soin. La chose la plus nocive pour les veines est le tabac. Vos veines ne vous pardonnent jamais de fumer, par conséquent :

1. Cessez de fumer !
2. Mangez autant de coings que possible : en confiture, en salade, en tisane de bourgeons... (préparés de la manière qui vous plaît).
3. Ne vous faites pas de souci !

PROBLÈMES CARDIAQUES EN GÉNÉRAL

Placez un oignon de taille moyenne dans un récipient en fer-blanc avec des cendres chaudes et faites chauffer sur le feu jusqu'à ce que l'oignon soit rôti. Mangez-le à jeun le matin, et répétez ce traitement pendant 40 jours. C'est également une méthode curative pour purifier le corps après de longues années de tabagisme.

PROBLÈMES DE MÉNOPAUSE

Cela provient du système nerveux ; mangez donc 21 raisins secs avec pépins en premier le matin.

PROSTATE

C'est une maladie qui touche habituellement les hommes âgés en raison de leur habitude de retenir leur urine trop longtemps. Chaque fois qu'ils éprouvent des difficultés en urinant, ils doivent préparer un récipient rempli d'eau moyennement chaude (40-50 °C) et y laisser leur organe pendant la miction.

PSORIASIS

Frottez votre peau deux fois par jour avec un citron, puis avec de l'huile d'olive.

PURIFICATION DU CORPS APRÈS UN TRAITEMENT À LA CORTISONE

Préparez un sirop de miel en mélangeant 3 cuillerées de miel naturel dans de l'eau froide ou chaude, ou du lait. Prenez-en 3 fois par jour pendant 15 jours.

PURIFICATION DU SANG

Broyer une poignée de feuilles de *sangalak*, mélanger avec de l'eau, filtrer et boire à jeun le matin. Répéter pendant 40 jours.

RAIDEUR DES DOIGTS AU RÉVEIL

Ceci est un signe de faiblesse nerveuse. Mangez donc 21 raisins secs épépinés chaque matin, avant de manger ou de boire quoi que ce soit d'autre. Avant de vous coucher, frottez vos doigts avec de l'huile d'olive.

REFLUX

C'est lorsque l'acide de l'estomac remonte dans la bouche. Buvez le jus d'oranges amères, les *turunges*, le matin. Si cela n'est pas disponible, prenez du jus de pamplemousse.

RHUMATISMES

Mélangez la propolis des abeilles avec du petit-lait de yaourt jusqu'à obtenir une consistance crémeuse. Puis frottez sur la zone rhumatismale et couvrez de laine pure.

RHUME DES FOINS

Chaque matin et chaque soir, versez 3 gouttes d'huile d'olive dans chaque narine. Couvrez-vous la tête en permanence !

RONFLEMENTS

C'est un problème lié à la structure du nez. Les personnes qui ronflent doivent essayer différentes positions de sommeil. Pour certaines, il est préférable de dormir avec un oreiller, pour d'autres sans.

Les ronflements surviennent le plus souvent lorsque l'on dort sur le dos : changez donc de position ! Il est généralement très utile que les personnes qui ronflent aillent se coucher avec l'intention de ne pas ronfler.

ROUGEOLE

Mangez une grande cuillère de sirop de caroube trois fois par jour. En cas d'indisponibilité, utilisez du sirop de pomme. Il est préférable que ce soit le seul aliment consommé pendant la maladie.

SAIGNEMENT DE NEZ

Prenez la peau dure des amandes, faites-la griller au four et réduisez-la en poudre fine. Inhalez par le nez !

SAIGNEMENTS ENTRE LES RÈGLES

Mélanger 1/2 cuillère à soupe de beurre fondu et 1 cuillère à soupe de miel et manger cela à jeun le matin. La plupart du temps, ce type de saignement survient comme un châtiment, car les femmes se sont fait du mal avant et pendant le mariage afin d'empêcher la venue d'enfants. Pour cela elles emploient tant de moyens. Soyez prudentes sur ce point si vous ne voulez pas être atteintes, car toute la force vitale d'une femme réside dans son utérus. C'est la partie la plus importante de leur corps, et une fois qu'elles s'y sont fait du mal, les médecins ne peuvent plus rien faire ; elles sont alors comme un robinet cassé qui goutte et que l'on ne peut plus réparer.

SCHIZOPHRÉNIE

Les malades doivent toujours porter un *tawiz*, et une personne puissante doit réciter des prières et des sourates du Saint Coran sur eux pendant 40 jours.

SCIATIQUE

Faites chauffer du sel et effectuez un massage de 10 minutes. Suivez ensuite d'un massage de 10 minutes à l'huile d'olive. Enveloppez fermement le haut du corps avec de la laine. Procédez ainsi une fois par jour avant le coucher.

SCOLIOSE

Voir : HERNIE DISCALE

SÉCHERESSE OCULAIRE / MANQUE DE LARMES

Buvez une tisane préparée à base de sirop de sureau.

SINUSITE

Faites chauffer de l'huile d'olive avec du piment fort. Déposez quelques gouttes dans chaque narine sur du coton, puis allez dormir. Cela peut brûler, mais il faut l'utiliser plusieurs nuits de suite.

SOMNAMBULISME

Attachez les mains et les pieds, et fermez les fenêtres et les portes. Le somnambulisme est causé par les djinns, qui veulent vous emmener en promenade.

STÉRILITÉ / INFERTILITÉ

Prenez 4 kg de dattes et placez-les dans une marmite. Ajoutez deux fois leur volume en eau et faites bouillir jusqu'à ce que la moitié de l'eau se soit évaporée. Laissez refroidir. Passez à travers un linge et ajoutez à ce jus 0,33 litre de jus de caroube. Conservez au réfrigérateur. Buvez un verre à thé turc chaque matin et chaque soir.

STRABISME

Écrasez 3 gousses d'ail et mélangez-les avec une cuillère de miel. Mangez ce mélange chaque matin avant de manger ou de boire quoi que ce soit d'autre. Répétez pendant 40 jours. Si le problème persiste, répétez pendant 40 jours supplémentaires.

SURDITÉ DUE À DES IMPURETÉS DANS LES OREILLES

Versez de l'huile d'olive chaude dans une seringue et déposez 3 gouttes dans chaque oreille. Après 2 minutes, nettoyez avec du coton.

SURPOIDS

Mangez de la salade avec beaucoup de vinaigre chaque matin, avant de manger ou de boire quoi que ce soit d'autre. Prenez un petit-déjeuner une heure plus tard, composé soit de glucides, soit de protéines. Ne mélangez pas ! Durant le reste de la journée, mangez ce que vous voulez. Poursuivez ce régime pendant 40 jours.

SYSTÈME IMMUNITAIRE AFFAIBLI

Mangez 21 raisins secs avec leurs pépins chaque matin, ainsi qu'une bonne quantité d'amandes.

TENSIONS

a) Si elles sont causées par un travail physique intense, faites masser le système nerveux.

b) Si elles sont d'origine intérieure, liées à la nervosité, faites abondamment du *zikr* et des *salawat* (invocations et prières sur le Prophète ﷺ).

TENSION ARTÉRIELLE BASSE

Manger beaucoup de choses salées ainsi que de la viande avec de l'ail et des oignons. Également 21 raisins secs avec leurs pépins à jeun le matin, avant de manger ou de boire quoi que ce soit d'autre. Répéter pendant 40 jours.

TENSION ARTÉRIELLE ÉLEVÉE

Les globules blancs du sang ancien meurent en permanence. Le rein les élimine. Parfois, en passant dans les veines, le sang coagule. Faites-vous donc poser des ventouses sur les épaules et la tête deux fois par an, de préférence au printemps et en automne, lorsqu'il ne fait ni trop chaud ni trop froid.

TOUX / BRONCHITE

Avant de se coucher le soir :

1. Chauffer 3 cuillères à soupe d'huile d'olive.
2. Imbiber un gros morceau de coton avec l'huile d'olive chaude.
3. L'envelopper dans du papier journal.
4. Le poser sur la poitrine encore chaud.
5. Couvrir d'un pull en laine et laisser jusqu'au matin. Répéter pendant 10 nuits. Boire également une tasse d'eau et de miel portés à ébullition avec des clous de girofle, de la cannelle, du poivre noir et du gingembre, quatre fois par jour.

et/ou :

Faire bouillir une grosse cuillère de farine de maïs avec une tasse de lait. Ajouter du sucre et du miel et boire chaud avant de dormir. Se couvrir la tête de préférence avec de la laine.

et/ou :

Placer du papier de *halva* (le papier dans lequel le halva, une confiserie turque, est emballé) sur la poitrine et dans le dos, couvrir d'un vêtement en laine et laisser toute la nuit.

TOXICOMANIE

(alcool, tabac, héroïne, cocaïne...)

La condition est que le toxicomane souhaite arrêter et fasse appel à sa volonté pour y parvenir. Prendre une bouteille d'eau. Réciter la première sourate du Saint Coran, al-Fatiha, 40 fois. Après chaque Fatiha, souffler dans la bouteille d'eau. Chaque fois que l'on ressent l'envie de consommer une drogue, prendre une gorgée de cette eau à la place.

TRAITEMENT DES PLAIES

Le kérosène arrête le saignement et tue les bactéries. Nettoyez toujours une plaie au kérosène avant de la bander.

TRANSFUSION SANGUINE

Au lieu de faire une transfusion sanguine, purifiez votre sang en buvant un bouillon de moelle osseuse avec du poivre noir, du gingembre, de la cannelle et des clous de girofle.

TREMBLEMENTS DUS À LA VIEILLESSE

Faites fondre un peu d'ambre sur une cuillère et, chaque fois que vous buvez quelque chose, qu'il soit chaud ou froid, remuez la boisson avec cette cuillère d'ambre.

TUBERCULOSE

La plupart des sanatoriums pour les malades atteints de cette maladie se trouvent dans les forêts de pins, car l'odeur des pins redonne de la force aux malades. Utilisez la résine du pin : prélevez-en, faites-la bouillir dans de l'eau et buvez cette eau 3 fois par jour. Réutilisez la même eau tant qu'elle conserve son goût amer. Lorsqu'il a disparu, préparez un nouveau mélange. Poursuivez ce traitement pendant 2, 3, voire jusqu'à 6 mois, jusqu'à une amélioration. Cela régénère les poumons et redonne force et santé.

TUMEURS

Opérer n'est jamais un véritable traitement. Les tumeurs se développent dans le corps pour une raison. Essayez de comprendre de quel type de poison votre corps tente de se débarrasser de cette manière. Autre chose peut l'éliminer, comme le jus d'oignon. Donc : chaque matin, avant de manger ou de boire quoi que ce soit, buvez le jus d'un oignon. Après cela, ne mangez ni ne buvez rien pendant une heure. En l'espace de 40 jours, votre tumeur devrait être résorbée, *incha'Allah*.

ULCÈRE

1. Prenez une cuillère de tahin (crème de sésame) le matin et le soir.
2. Faites griller 21 glands, broyez-les et mélangez-les avec du miel. Mangez-en une cuillerée le matin et une autre avant de dormir.

VACCINATIONS DES NOURRISSONS

Celles-ci n'existaient pas autrefois. La seule vaccination que je recommanderais est celle contre la varicelle. D'une manière générale, pour chaque naissance d'un nouvel enfant, une *sadaqa* (aumône) devrait être versée, ou si vous sacrifiez un mouton, il devrait être partagé avec autrui. Si vous êtes croyant, il suffit de donner la *sadaqa* ; votre enfant n'a pas besoin de vaccinations.

En faisant cela, dites : « Ô mon Seigneur, au lieu de donner la vaccination, je donne telle somme en *sadaqa*, accepte-la de moi, je T'en prie. » Répétez cela pour chaque vaccination. Même si vous faites vacciner le bébé, vous devriez donner une *sadaqa* en guise de protection, car chaque vaccination introduit un poison dans le corps.

VARICES

Ne les faites pas inciser, ne vous faites pas opérer. Massez-les vigoureusement avec de l'huile d'olive, ainsi que la zone environnante, pendant 10 à 15 minutes. Répétez chaque soir pendant 40 nuits. Versez une *sadaqa*.

VERGETURES

Mélangez un tiers de glycérine, un tiers de citron et un tiers d'eau de Cologne, et massez les zones concernées. C'est également un bon traitement préventif durant la grossesse.

VER SOLITAIRE (intestins)

Buvez une tasse de paraffine liquide une fois par mois jusqu'à ce que le ver soit expulsé. Il est important de vérifier que la tête du ver est bien sortie elle aussi, sinon il se régénère.

VERRUES

Faites-les réciter par une personne dotée d'un pouvoir spirituel et versez une *sadaqa*.

GLOSSAIRE DES TERMES

Ayran : un type de lait fermenté à base de yaourt, souvent consommé dans les pays méditerranéens avec de l'eau et du sel.

Azahn : l'appel à la prière.

Bismillah : translittération de l'arabe signifiant « au Nom d'Allah ».

Bismillahi Rahmani Rahim : translittération de l'arabe signifiant « au Nom d'Allah, le Tout Miséricordieux, le Très Miséricordieux ».

Duha : une prière surérogatoire accomplie en milieu de matinée.

Al-Fatiha : le chapitre d'ouverture du Saint Coran.

Grand Shaikh Abdullah Daghistani : le Cheikh de Cheikh Nazim, 39e Cheikh de la Chaîne d'Or de la Tariqat Naqshbandi.

Hadith : traditions et paroles du Prophète Muhammad ﷺ qui ont été consignées avec précision et dont la chaîne de transmission peut être retracée jusqu'à l'origine.

Halva : une confiserie turque.

Haram : ce qui est interdit selon les Règles divines.

Hoca Efendi : titre respectueux désignant celui qui dirige la prière.

Insha'Allah : translittération de l'arabe signifiant « si Allah le veut ».

Iqamat : le second appel à la prière, annonçant que la prière est sur le point de commencer.

Jinn : êtres créés de feu sans fumée qui habitent la terre avec nous. Ils sont semblables aux humains en ce sens qu'ils peuvent être bons ou mauvais. Ils sont responsables de leurs actes car, comme nous, ils ont reçu le libre arbitre. Le Saint Coran s'adresse également à eux, et ils seront présents au Jour du Jugement. Étant faits d'une matière différente de la nôtre, mais vivant sur la même planète, il est important de savoir comment interagir avec eux et de ne pas les contrarier inutilement. Leur influence sur nous se manifeste dans l'énergie qui nous entoure. Si nous ne sommes pas en unité avec le Créateur et que nous ne respectons pas Ses Règles, ils renforceront le sentiment de peur. Mais si nous sommes en unité, la présence des jinn ne fait que confirmer cette réalité, et nous serons encore davantage en unité. Certaines personnes se situent davantage au niveau des jinn et sont plus susceptibles d'entrer en contact avec eux. Pour celles-ci, il est absolument vital de suivre tous les moyens de protection : dire *bismillah* avant toute action, conserver le *wudu* en tout temps, et veiller à ne pas couper cheveux ou ongles après le coucher du soleil. Lorsqu'on les coupe, il faut toujours les brûler ou les enterrer dans la terre — un pot de fleurs fera l'affaire. Sinon, on invite les jinn à s'en servir pour jeter des sorts (voir également : MORT SUBITE DU NOURRISSON).

Kufr : le fait de recouvrir la vérité, de ne pas croire en la vérité ; la fausseté.

La Ilaha Illallah : translittération de l'arabe signifiant : « Non, il n'y a de dieu qu'Allah. »

*Loquat (*nèfle du Japon) : en turc, *yeni dünya*. Un fruit jaune de la taille d'une prune, contenant deux gros noyaux.

Miswak : un bâtonnet de bois de 15 à 25 cm, souvent une brindille d'arbre *arak* ou de réglisse, utilisé pour nettoyer les dents.

Qadr : le destin prédestiné. La croyance que toute chose a été décrétée par avance.

Qibla : la direction de la prière, vers la Kaaba à La Mecque.

Qutub : le pôle spirituel, l'axe du monde, l'Homme du Temps.

Sadaqa : aumône. Celle-ci peut prendre la forme d'un don ou d'une bonne action.

Salawat : pluriel de l'arabe salat, prière. Désigne ici les prières spéciales en faveur du Prophète Muhammad ﷺ, demandant son soutien et sa protection.

Sunna : la voie et la vie du Prophète Muhammad ﷺ. Ceux qui suivent la sunna s'efforcent de reproduire les habitudes du Prophète Muhammad ﷺ. Ils sont convaincus qu'il était l'exemple vivant de celui qui suit les Règles divines dans leur intégralité, plaisant ainsi à Allah et accédant à Sa Présence.

Tahin : crème de sésame.

Tariqat : la voie. Les soufis sont les mystiques de l'islam. Ils étaient à l'origine répartis en 42 tariqats, voies menant au Paradis. Ce sont des pratiques enseignées par les guides des tariqats, les Cheikhs, pour atteindre le Paradis. Il est essentiel que ces tariqats disposent d'une lignée de succession ininterrompue remontant au Prophète Muhammad ﷺ. Dans le cas de la Tariqat Naqshbandi, Cheikh Nazim est le 40e Cheikh de cette chaîne. Nous croyons qu'il est le dernier de cette lignée de succession. Le hadith a annoncé qu'à la fin des temps, toutes les tariqats se dissoudront sauf une, et que celle-ci réunira toutes les tariqats sous Mehdi Aleyhi Salam.

Tawiz : un talisman de protection béni. Il est très important de l'obtenir d'un Cheikh autorisé, en qui l'on peut avoir confiance.

Verre à thé turc : 0,3 tasse, soit environ 6 cl.

Turunges : oranges amères sauvages. En Europe, on peut les trouver dans les épiceries turques ou grecques.

Wudu : ablution rituelle des mains, de la bouche, des narines, du visage, des avant-bras, de la tête, des oreilles et des pieds avec de l'eau, afin d'être en état de pureté pour la prière.

Zikr : remémoration et invocation d'Allah, pratique caractéristique des soufis qui, en répétant les divers Noms d'Allah, cherchent à se rapprocher toujours davantage de Sa Présence.

LA CHAÎNE D'OR DE LA TARIQA NAQSHBANDIA

1. Sayyidina Muhammad, Sallalahu Alayhi wa Salam
2. Abu Bakr Siddiq Khalifat-Rasulilah
3. Salman al Farsi
4. Qasim Bin Muhammad Bin Abu Bakr as Siddiq
5. Imam Abu Muhammad Ja far as Sadiq Bin Imam Mu-hammad as Bagir
6. Sultan-ul Arifin Tayfour Abu Yazid Al Bistami
7. Abu-l Hasan al Kharaqani
8. Abu Ali Ahmad Bin Muhammad al Farmadi
9. Khwaja Yusuf al Hamadani
10. Abu-1 Abbas Sayyidina Khidr Alayhi-salam
11. Khwaja Abdu-1 Khaliq al Ghujdawani
12. Khwaja Arif ar Riwgarawi
13. Khwaja Mahmoud al Faghnawi
14. Khwaja Aziz Ali ar Ramitani
15. Khwaja Muhammad Baba as Sammasi
16. Khwaja Sayyid Amir al Kulali
17. Imamu-Tariqati Bahad Din an Nagshbandi
18. Khwaja Alau-d Din Attar al Bukhari
19. Khwaja Yaqoub al Charkhi
20. Khwaja Abaydulah Ahtar
21. Muhammad az Zahid al Bukhari
22. Darwish Muhammad
23. Mawlana Ahmad Lil Amkanaki as Samarkand!
24. Muhammad al Baqibilah Bi-rang as Simagi
25. Ahmad al Faifuqi Sirhindi Mujaddidu-1 Alfi Tbani
26. Muhammad Masoum bin Ahmad al Farougi Sirhindi
27. Sayfu-d Din Arif

28. Sayyid Nour Muhammad al Bada'uni
29. Shamsu-d Din Habibulah Jan-i Janan
30. Abdu-l Ahad Dihlawi
31. Shayk Khalid al Baghdadi
32. Shayk Ismail
33. Khas Muhammad
34. Shayk Muhammad Effendi Yaraghi
35. Sayyid Jamalu-din al Ghummuqi al Hussainy
36. Abu Ahmad as Sughuri
37. Abu Muhammad al Madani
38. Sayyid Sharafu-din Daghisiani
39. Sultanu-1 Awliya Abdullah al Fa'izi ad Daghistani
40. Mawlana Shaykh Muhammad Nazim al Haqqani Nagshbandia
41. Mawlana Shaykh Muhammad Adil al-Haqqani an-Naqshbandi

www.ingramcontent.com/pod-product-compliance
Lightning Source LLC
LaVergne TN
LVHW011048110826
845149LV00015B/3401

* 9 7 8 2 4 9 1 3 0 4 2 3 2 *